자신만만 과학책

화 학

자신만만 과학책 화학

2010년 4월 15일 초판 발행
2018년 7월 15일 5쇄 발행

지은이 | 김경은
그린이 | 이진아
펴낸이 | 김기옥
펴낸곳 | 봄나무
편집디자인 | 박대성
영업팀장 | 김선주
등록 | 제313-2004-50호(2004년 2월 25일)
주소 | 서울시 마포구 양화로 11길 13(서교동, 강원빌딩 5층)
전화 (02) 325-6694 | 팩스 (02) 707-0198
이메일 | info@hansmedia.com

도서주문 | 한즈미디어(주)
주소 | 서울시 마포구 양화로 11길 13(서교동, 강원빌딩 5층)
전화 (02) 707-0337 | 팩스 (02) 707-0198

ⓒ 김경은 2010
ISBN 978-89-92026-52-9 73430

* 이 책 내용의 일부 또는 전부를 재사용하려면 반드시 저작권자와 봄나무 양측의 동의를 얻어야 합니다.
* 이 책에 실린 사진 일부는 저작권자를 찾지 못한 채 쓰였습니다. 뒤에 연락해 주시면 합당한 사용료를 드리겠습니다.
* 책값은 뒤표지에 나와 있습니다.

사진 및 그림 자료 제공

p47, 52, 80, 143 ⓒ 김경은
p72 http://www.flickr.com/photos/ruggybear/3165261645/sizes/o/
p166 주기율표 한국과학창의재단
p217 http://blog.naver.com/chemijhy?Redirect=Log&logNo=100049232071 ⓒ 전화영

자신만만 과학책

화 학

김경은 지음 | 이진아 그림

| 머리글 |

이제, 화학도 자신만만해지자!

　어릴 적에는 해가 뜨는 것도 신기하고, 나무가 자라는 것도 신기해서 과학자를 꿈꾸던 친구들이 많을 거예요. 그런데 학년이 올라갈수록 과학을 점점 어렵게 느끼면서 멀리하는 친구들을 자주 보곤 해요.
　많은 이들이 오랜 세월 연구해 밝혀낸 과학 현상을 단숨에 이해하기 어려운 것은 어찌 보면 당연한 일이에요. 그러니 지레 겁을 먹고 피할 필요는 없어요. 아무리 어렵고 낯설게 보이는 문제라도, 그 원리와 개념을 알고 곰곰이 생각해 보면 풀리기 마련이거든요.
　과학은 우리에게 매우 중요한 학문이에요. 과학으로 예전에 꿈꾸지 못했던 새로운 세상을 만들 수 있으니까요. 그 시작은 과학의 기본 개념과 원리를 아는 것에서 출발해요. 과학 원리는 저 멀리 우주에 쏘아 올리는 우주선뿐만 아니라 우리 주변에 있는 물 한 방울에도 숨어 있어요. 차근차근 개념과 원리를 알아 가면 신기하게만 보이던 과학 현상이 새롭게 보일 거예요.

    그러나 과학의 깊이가 깊어질수록 기본 개념에 대한 이해가 부족한 사람에게는 과학이 더욱 어렵게 느껴질 수 있어요. 따라서 원리에 대한 이해가 무엇보다 중요하답니다. 이 책에서는 과학의 여러 분야 가운데 화학 영역에서 꼭 알아야 할 것을 다뤘어요. 물질의 상태와 변화, 물질의 특성인 용해도, 밀도, 끓는점과 녹는점, 어는점에 대해 알아보고, 구성 원리를 파악해 물질의 반응에 숨어 있는 비밀도 파헤쳐 보았지요.

    각 장의 처음에는 여러 가지 상황을 제시하고 그에 따른 간단한 질문을 던졌어요. 질문에 대한 답을 생각해 보면 이 책을 더욱 흥미롭게 읽어 나갈 수 있을 거예요. 그리고 누가 왜냐고 물으면 조목조목 설명해 보세요. 어느새 화학이 자신만만해진 여러분을 발견할 수 있을 거예요.

2010년 4월, 김경은

| 차례 |

1 냄새는 어떻게 주방에서 거실로 갔을까? 9
물질의 세 가지 상태

2 컵 속의 수면은 왜 높아졌을까? 31
기체의 부피 변화

3 얼음은 왜 녹아서 물로 변할까? 57
상태변화와 열에너지

4 설탕을 물에 녹일 때 저어 주는 이유는? 77
용해와 용해도

5 튀김 요리를 할 때 기름이 튀는 이유는 무엇일까? 97
물질의 끓는점과 녹는점

6 물속에 수박과 감자를 넣으면 어떤 것이 뜰까? 121
물질의 밀도

7 만두피를 계속 밀면 끝없이 얇게 만들 수 있을까? 149
물질의 구성

8 철분제 속에 든 철과 철가루는 형태가 같을까? 171
이온과 전해질

9 지구는 시간이 지날수록 점점 무거워질까? 187
물질 변화의 규칙성

10 우주에서 물방울을 떨어뜨리면 어떤 모양일까? 205
물의 구조와 성질

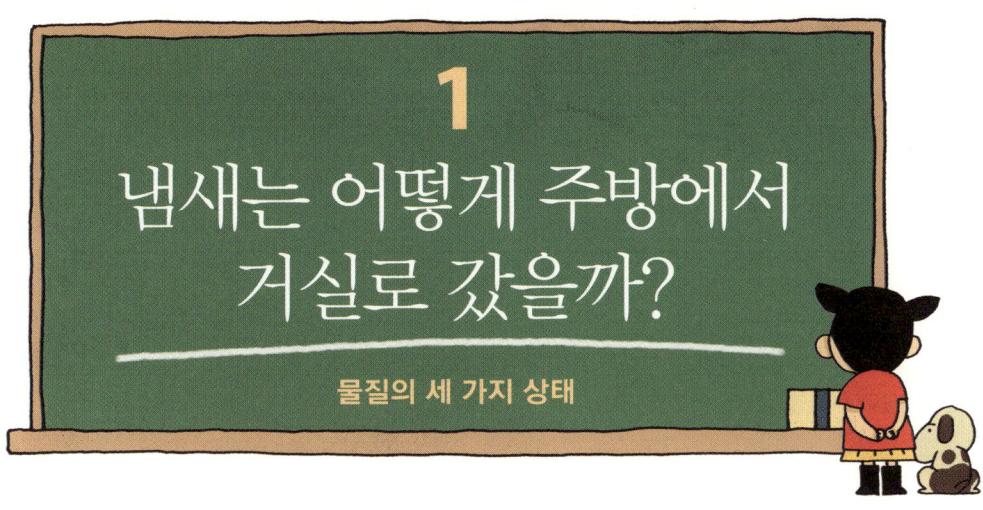

1
냄새는 어떻게 주방에서 거실로 갔을까?

물질의 세 가지 상태

여러분 주위에는 냄새를 잘 맡는 사람이 있나요? 그런 사람을 가리켜 보통 '개 코'라고 하죠. 그렇다면 개는 정말 냄새를 잘 맡을까요?

11쪽 그림은 사람이 코로 냄새 맡는 과정을 나타낸 거예요. 냄새가 나는 물질이 콧속에 들어오면 이를 후각세포의 후각수용체에서 받아들여 대뇌가 냄새의 종류를 구별해요. 개는 사람보다 후각수용체가 발달해서 냄새를 더 잘 맡는답니다.

과학자들은 이렇게 사람이 코로 냄새를 맡고 뇌에 전달하는 원리를 이용해서 '전자 코'라는 것을 개발했어요. 센서가 코의 후각수용체처럼 냄새에 반응하면 뇌에 해당하는 컴퓨터가 냄새 종류를 분석한답니다. 전자 코는 음식이나 음료 냄새를 분석해서 품질을 높이는 데 사용할 뿐만 아니라 의학 연구, 오염 물질 검색에도 쓰여요.

여러분은 어떤 냄새를 가장 잘 맡나요? 맛있는 음식 냄새라고요? 어떤 친구들은 집에서 맛있는 음식 냄새에 이끌려 주방으로 가 본 적이 있을 거예요. 그런데 왜 주방에 있지 않아도 주방에서 만드는 음식 냄새를 맡을 수 있을까요?

후각상피
콧속 윗부분에 점액으로 덮인 세포층. 냄새를 맡는 후각세포가 들어 있다.

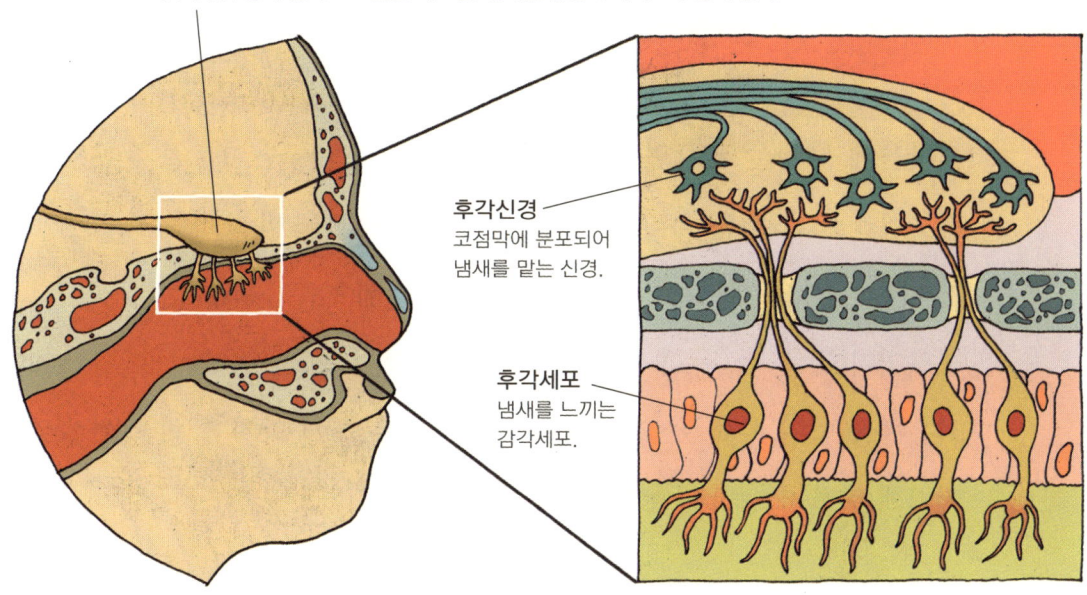

후각신경
코점막에 분포되어 냄새를 맡는 신경.

후각세포
냄새를 느끼는 감각세포.

 바람이 주방에서 거실 쪽으로 불어 고기 냄새를 내는 물질을 이동시킨 것이다.

 고기 냄새를 내는 물질이 스스로 운동해서 주방에서 거실까지 냄새가 퍼진 것이다.

낙엽을 밟으면 왜 바스락 소리가 날까?

가을에 낙엽을 밟으면 바스락거리는 소리가 나죠? 여름철 푸른 나뭇잎을 밟을 때는 소리가 나지 않는데, 왜 낙엽을 밟을 때는 소리가 나는 걸까요? 실험으로 함께 알아보기로 해요.

크기가 같은 컵 두 개를 준비해 물을 똑같이 붓고, 컵 한 개에만 식용유를 약간 부어요. 일주일 동안 이 컵 두 개에 담긴 물의 양이 어떻게 변할지 생각해 보세요.

일주일 뒤에 컵 두 개를 관찰하면 식용유를 부은 컵에 담긴 물은 양이 거의 변하지 않았지만, 물만 부은 컵에서는 물의 양이 줄어든

것을 볼 수 있어요. 이상하네요. 컵이 깨져서 물이 새어 나온 것도 아니고, 누가 물을 마시지도 않았는데 물이 왜 약간 없어진 걸까요? 물은 오래 두면 없어지는 성질이 있기 때문일까요? 아니면 물이 기체로 변해 공기 중으로 흩어졌기 때문일까요?

우리 눈에는 컵 안의 물이 없어진 것처럼 보이지만, 실제로 물이 없어진 것은 아니랍니다. 물이 기체로 변해 공기 중으로 멀리멀리 흩어진 것이죠. 그런데 물 위에 식용유를 약간 부어 놓으면, 물이 기체로 변해 공기 중으로 흩어지는 것을 식용유가 막아 주죠. 그래서 물의 양이 거의 변하지 않는 거예요.

가을에 낙엽을 밟을 때 소리가 나는 이유도 나뭇잎에 들어 있던 수분이 기체로 변해 공기 중으로 흩어졌기 때문이에요. 젖은 빨래에 있던 물이 공기 중으로 흩어져 빨래가 마르는 것처럼, 나뭇잎도 바싹 마른 거랍니다.

이처럼 액체 표면에서 액체가 기체로 변해 공기 중으로 흩어지는 현상을 '증발'이라고 해요. 그러면 증발은 어떤 때 잘 일어날까요? 빨래가 잘 마르는 경우를 생각해 보세요. 빨래는 햇빛이 비치는 맑은 날, 바람이 많이 불 때 잘 말라요. 즉, 증발은 주변 온도가 높을수록, 습도가 낮을수록, 바람이 많이 불수록 잘 일어난답니다.

그런데 물질의 종류에 따라 증발이 일어나는 속도도 달라져요. 주사를 맞기 전에 알코올 솜으로 피부를 문지르면 알코올이 묻은 부위가 금세 마르면서 시원하게 느껴지죠? 알코올이 증발하면서 피부의 열을 빼앗아 가기 때문이에요. 하지만 피부에 물을 묻히면 마르는 데 더 긴 시간이 걸려요. 물은 알코올보다 증발 속도가 느리거든요.

어항 물이 줄어드는 현상과 비 온 뒤 땅이 마르는 현상도 모두 물이 증발되기 때문이랍니다. 그러면 이렇게 증발된 물은 어디로 갈까요? 증발된 물은 사라지는 것이 아니라 공기 중에 수증기 형태로 둥둥 떠다녀요. 공기 중에 수증기량이 많아지면, 수증기가 액체 상태인 구름으로 변하거나 비, 눈, 우박 등이 되어 지표면에 떨어져요. 그리고 물은 또 증발해 공기 중에 흩어지고, 여러 형태로 다시 지표면으로 돌아오죠. 물은 이렇게 그 모습이 바뀔 뿐 자연에서 계속 순환하고 있답니다.

물에 잉크를 떨어뜨리면?

찬물이 든 컵에 빨간 잉크를 두세 방울 떨어뜨리면, 잉크가 아래쪽으로 가라앉는 것을 볼 수 있어요. 찬물에 떨어뜨린 잉크를 젓지 않고 일주일 정도 그대로 두면, 컵 안에는 어떤 변화가 생길까요?

찬물에 빨간 잉크를 떨어뜨리면 물보다 무거운 잉크는 바닥으로 가라앉아요. 하지만 시간이 흐르면 빨간 잉크를 이루는 물질이 퍼져서 물 전체가 붉게 변한답니다. 바로 잉크를 이루는 물질이 스스로 운동해 퍼져 나가기 때문이에요. 물에 커피 가루를 넣어도 물 전체가 색이 변해요. 이처럼 어떤 물질이 농도가 짙은 곳에서 옅은 곳으로 퍼져 나가는 현상을 '확산'이라고 해요. 이때 퍼져 나가는 물질은 주위에 있는 다른 물질과 충돌하기도 하죠.

증발과 확산이 일어나는 이유

우리 눈에는 증발한 물이 어떻게 변하는지 보이지 않아요. 그리고 냄새가 퍼지는 것도 보이지 않죠. 사람 눈에 보이지 않는 세계에서 어떤 일이 일어나기에 확산과 증발 현상이 생기는 걸까요?

여러 가지 물질은 우리가 눈으로 볼 수 없을 만큼 작은 알갱이로 구성되어 있어요. 물질의 성질을 가진 가장 작은 알갱이를 '분자'라고 해요. 분자 크기는 얼마나 작을까요?

　반지름이 약 6400km나 되는 지구를 탁구공만큼 작게 줄였다고 생각해 보세요. 그 비율로 탁구공을 줄이면 그 크기가 바로 분자 크기랍니다. 굉장히 작죠? 그러면 분자의 질량은 어느 정도일까요?

　분자는 크기가 작은 만큼 질량도 작아요. 물 분자 하나는 질량이 3×10^{-23}g이고, 분자 가운데 가장 작은 수소 분자 질량은 물 분자 질량의 $\frac{1}{9}$로 수소 분자는 매우 가벼워요. 이러한 분자들은 제자리에서 가만히 있는 것이 아니라 모든 방향으로 끊임없이 운동하는데, 이를 '분자운동'이라고 해요.

아래 그림에서 분자운동을 살펴볼까요? 물에 잘 녹는 보라색 고체 덩어리를 비커에 담고 물을 넣으면 고체를 이루는 분자들이 활발하게 분자운동을 해 물 전체로 퍼져요. 이때 고체를 이루는 분자들은 분자운동을 하는 주위 물 분자와 충돌하기도 해요. 그렇다면 고체를 이루는 분자들이 퍼져서 물 전체가 보랏빛으로 변한 뒤에는 분자운동이 어떻게 될까요? 물 분자와 고체 물질 분자는 끊임없이 움직이면서 서로 충돌하고 섞인답니다.

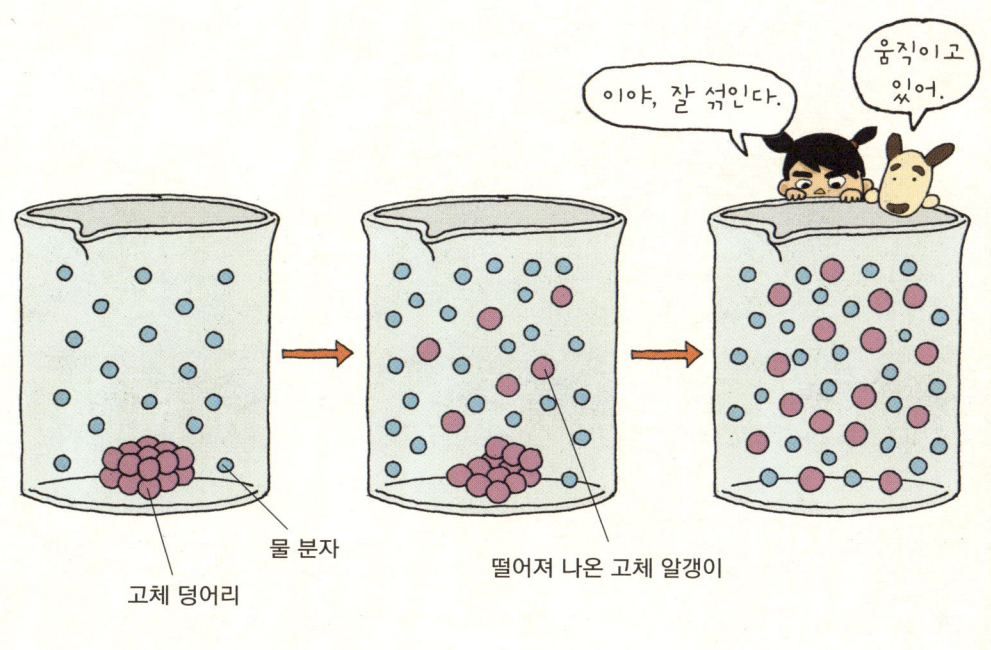

공기 중에서 냄새가 퍼져 나가는 것도 분자운동에 따른 확산 현상과 관계가 깊어요. 주방에서 고기를 구우면 고기 냄새를 내는 물질의 분자가 스스로 분자운동을 해 확산해요. 고기 냄새를 내는 물질의 분자가 주방에서 거실 쪽으로 확산되면 우리가 비로소 냄새를 맡을 수 있죠. 창문을 꼭 닫아 놓았을 때에도 냄새가 퍼지는 것으로 보아 냄새를 내는 물질의 분자가 스스로 분자운동해 확산한다는 것을 알 수 있어요.

그런데 냄새는 계속해서 맡을 수가 없어요. 화장실에서 똥을 눌 때면 고약한 냄새에 얼굴이 찌푸려지죠? 그런데 화장실에 한참 앉아 있으면 아무 냄새도 맡을 수 없을 거예요. 이런 현상이 일어나는 이유는 냄새를 내는 물질이 없어졌거나, 냄새를 내는 물질의 분자운동이 멈추었기 때문이 아니에요. 바로 냄새를 맡는 역할을 하는 후각신경이 피로해져서 더 이상 그 물질의 냄새를 지각하지 못하기 때문이죠.

영국의 식물학자 브라운은 1827년에 현미경으로 물 위에 뜬 꽃가루를 관찰하다가 꽃가루가 살아 있는 것처럼 불규칙하게 움직이는 것을 발견했어요. 같은 방법으로 꽃가루 대신 염료 가루를 이용해 관찰하자, 염료 가루도 꽃가루처럼 움직였어요. 당시 과학자들은 이 같은 현상을 '브라운 운동'이라고 했는데, 그 원인은 알아내지 못했죠. 여러분은 원인이 뭐라고 생각하나요?

물은 불규칙하게 분자운동을 하고 있어요. 물 위에 꽃가루를 떨어뜨리면, 물 분자들이 불규칙하게 운동하다가 물 위에 뜬 꽃가루와 충돌하죠. 즉, 꽃가루는 물 분자에 부딪히면서 이리저리 움직이는 거예요. 그런데 물 분자의 움직임은 우리 눈에 보이지 않기 때문에 마치 꽃가루가 스스로 움직이는 것처럼 보인답니다.

분자운동의 또 다른 예를 들어 볼게요. 햇살이 밝게 비치는 곳에서는 공기 중에 떠 있는 먼지가 무질서하게 움직이는 것을 볼 수 있어요. 마치 먼지가 스스로 움직이는 것처럼 보이죠? 하지만 먼지는 스스로 운동하는 것이 아니에요. 공기 분자가 분자운동을 하면서 먼지와 충돌하기 때문에 우리 눈에 먼지의 움직임이 보이는 것이랍니다.

분자운동 속도는 무엇에 따라 달라질까?

42.195km를 달려야 하는 마라톤 경기에서는 서늘하고 습하지 않은 곳에서 달릴수록 빠른 기록이 나온다고 해요. 그렇다면 분자의 운동 속도도 주변 온도에 따라 달라질까요?

양이 같은 뜨거운 물과 찬물에 잉크를 각각 한 방울씩 넣으면 어떻게 될지 생각해 보세요. 뜨거운 물에서 잉크가 더 빨리 확산될까요, 찬물에서 더 빨리 확산될까요? 아니면 잉크가 물속에서 확산되는 속도는 물 온도와 관계가 없을까요?

'온도'란 분자의 평균 운동 에너지를 말해요. 온도가 높으면 분자들의 운동 에너지가 커서 분자들이 더 활발하게 운동하죠. 따라서 잉크는 뜨거운 물에서 더 빨리 확산된답니다. 그렇다고 찬물에

  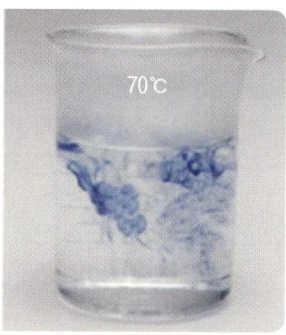

온도가 다른 물이 들어 있는 비커 세 개에 같은 양의 잉크를 동시에 떨어뜨렸다. 온도가 높을수록 잉크가 더 빨리 확산된 것을 볼 수 있다.

서 잉크가 확산되지 않는 것은 아니에요. 다만 시간이 오래 걸릴 뿐이죠.

그렇다면 분자의 종류가 다르면 분자운동 속도에도 차이가 날까요? 22쪽 실험 과정을 보며 생각해 보세요. 암모니아 기체와 염화수소 기체를 반응시키면 흰색 고체인 염화암모늄이 생겨요.

$$NH_3(g) + HCl(g) \rightarrow NH_4Cl(s)$$
암모니아   염화수소   염화암모늄

진한 암모니아 기체를 물에 녹이면 암모니아수가 돼요. 진한 염화수소 기체를 물에 녹이면 염산이 되고요. 긴 유리관 한쪽은 암모니아수를 묻힌 솜으로, 다른 쪽은 염산을 묻힌 솜으로 막으면 염화암모늄은 유리관 어느 쪽에 생길까요?

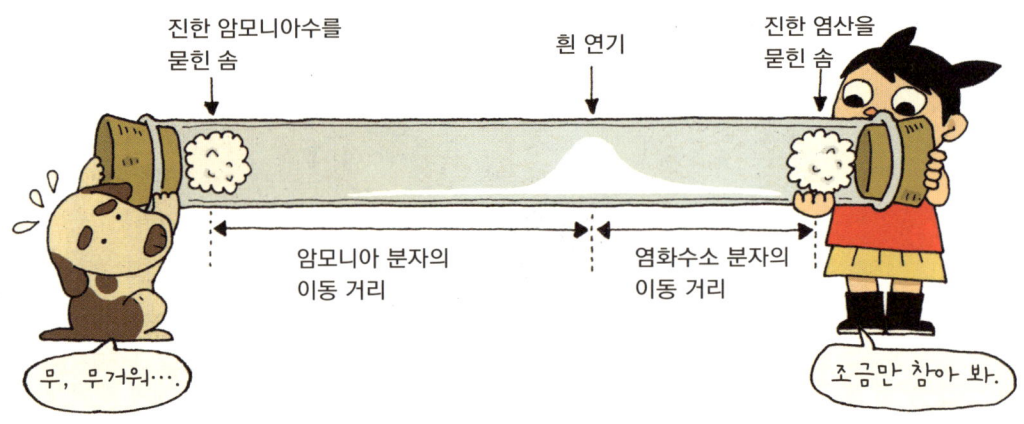

염화수소는 분자량이 36.5g이고, 암모니아는 분자량이 17g이에요. 그런데 분자운동 속도는 질량이 작을수록 더 빨라요. 따라서 질량이 더 작은 암모니아가 같은 시간 동안 더 먼 거리를 이동하죠. 그래서 염화암모늄은 염화수소와 가까운 부분에서 생겨요. 결국 분자운동 속도는 온도가 높을수록, 분자량이 작을수록 빠르다는 것을 알 수 있겠죠?

물질의 세 가지 상태

여러분은 하루에 얼마나 많은 물체를 이용하나요? 아침에 일어날 때 필요한 자명종, 세수할 때 필요한 비누와 수건, 밥 먹을 때 필요한 수저와 밥그릇, 공부할 때 필요한 책과 연필, 놀 때 필요한 농구공, 고무줄, 게임기 등 셀 수 없이 많은 물체를 사용하고 있을 거예요. 그럼 이 물체들은 어떤 재료로 만들까요?

물체를 만드는 데 필요한 재료를 '물질'이라고 해요. 한 가지 물질로 이루어진 물체도 있고, 여러 가지 물질로 이루어진 물체도 있죠.

지우개를 만들 때 필요한 물질은 고무예요. 그런데 고무로 지우개만 만들 수 있는 것은 아니죠? 고무장갑, 머리끈, 고무풍선, 타이어 등 많은 물체를 만들 수 있어요.

물질	고무	나무	플라스틱	유리
물체	지우개, 고무줄 고무장갑 머리끈 고무풍선 타이어	책상, 벤치 책장 나무젓가락 이쑤시개 연필	키보드, 볼펜 자, 컵 반찬 용기 게임기, 페트병	컵, 비커 메스실린더 거울, 어항 병

고무, 나무, 플라스틱, 유리 말고도 물체를 이루는 물질의 종류는 엄청나게 많아요. 여러 가지 물질은 어떤 기준으로 구분할 수 있을까요?

지구촌에 사는 사람들은 성별에 따라 남자와 여자로 구분할 수 있어요. 그리고 피부색에 따라 백인종, 황인종, 흑인종으로 구분할 수도 있죠. 또 노래를 좋아하는 모임 혹은 춤을 좋아하는 모임으로도 나눌 수 있고요. 물질도 이처럼 비슷한 성질을 가진 것끼리 모아 볼까요?

먼저 아래 물질을 일정한 모양이 있는 것과 그렇지 않은 것으로 나누어 보세요.

> 숟가락, 물, 자전거, 지우개, 식용유, 주스,
> 초콜릿, 공기, 과자 봉지 속에 든 질소

일정한 모양이 있는 것은 숟가락, 자전거, 지우개, 초콜릿이고, 일정한 모양이 없는 것은 물, 식용유, 주스, 공기, 과자 봉지 속에 든 질소예요. 물, 식용유, 주스가 일정한 모양이 없다는 것은 우리 눈으로 확인할 수 있죠. 담는 그릇에 따라서 그 모양이 변하는 것이 보이니까요.

　공기를 가득 채운 풍선을 손가락으로 누르면 공기 모양이 달라져요. 그리고 공기를 길쭉한 풍선에 가득 채우면 공기 모양이 길쭉해지고요. 이를 통해 공기 또한 일정한 모양이 없다는 것을 알 수 있어요. 과자 봉지 속에 든 질소도 마찬가지예요. 과자 봉지를 손가락으로 꾸욱 누르면 과자 봉지의 모양이 달라지는데, 이것은 과자 봉지 속에 든 질소의 모양이 달라지기 때문이에요.

그러면 일정한 모양이 없는 물, 식용유, 주스, 공기, 과자 봉지 속에 든 질소를 부피가 일정하고 흐르는 성질이 있는 것과 부피가 일정하지 않고 퍼지는 성질이 있는 것으로 구분해 볼까요?

먼저 부피가 일정하고 흐르는 성질이 있는 것은 물, 식용유, 주스예요. 부피가 일정하지 않고 퍼지는 성질을 띠는 것은 공기와 과자 봉지 속에 든 질소죠.

결국 숟가락, 물, 자전거, 지우개, 식용유, 주스, 초콜릿, 공기, 과자 봉지 속에 든 질소를 세 가지 모둠으로 나눌 수 있어요. 숟가락, 자전거, 지우개, 초콜릿처럼 일정한 모양이 있고 딱딱한 성질을 지닌 것을 고체라고 해요.

물, 식용유, 주스처럼 부피가 일정하고, 일정한 모양이 없으면서 흐르는 성질이 있는 것을 액체라고 하죠. 공기나 과자 봉지 속에 든

일정한 모양이 있는 것	부피가 일정하고 흐르는 성질이 있는 것	부피가 일정하지 않고 퍼지는 성질이 있는 것
숟가락, 자전거, 지우개, 초콜릿	물, 식용유, 주스	공기, 과자 봉지 속에 든 질소
↓	↓	↓
고체	액체	기체

질소처럼 부피가 일정하지 않고, 일정한 모양이 없으면서 퍼지는 성질이 있는 것을 기체라고 하고요.

이처럼 물질은 고체, 액체, 기체의 세 가지 상태로 구분할 수 있어요. 그런데 물질은 같은 종류라도 온도나 압력에 따라 상태가 달라지기도 해요. 얼음, 물, 수증기처럼 말이에요.

물의 온도를 낮추면 얼어서 얼음이 되죠? 물은 일정한 모양을 띠지 않으면서 흐르는 성질이 있으므로 액체 상태예요. 그리고 얼음은 딱딱하고, 일정한 모양이 있는 고체 상태죠. 또 물의 온도를 높이면, 즉 물을 가열하면 끓어서 기체 상태인 수증기로 변해요. 수증기는 일정한 모양이 없고 퍼지는 성질이 있어서 우리 눈에 보이지는 않지만 공기 중에 퍼져 있답니다. 이처럼 같은 물질이라도 온도나 압력에 따라 상태가 달라지는 것을 알 수 있어요.

물질의 분자운동

물질은 상태에 따라 성질이 달라져요. 물질을 이루는 분자의 움직임이 상태에 따라 다르기 때문이에요. 겉모습이 딱딱한 고체를 이루는 분자들은 어떤 모습일까요?

고체 상태의 분자들은 서로 강한 힘으로 잡아당기고 있어서 분자 사이의 거리가 아주 가깝고 분자들의 배열이 일정해요. 그래서 고체 상태인 물질은 딱딱하고, 일정한 모양이 있어요. 고체 분자들은 제자리에서 진동운동을 하고 있답니다.

액체 상태에서 분자들은 고체 상태일 때보다 서로 약하게 잡아당기며 자유롭게 움직여요. 그래서 분자 사이의 거리도 고체 상태일 때보다 조금 멀어지죠. 또 액체 분자들은 고체 분자보다 일정하지

	고체	액체	기체
상태			
분자 배열	일정함	일정하지 않음	매우 일정하지 않음
분자 사이의 거리	매우 가까움	가까움	멈
분자들이 서로 끌어당기는 힘	강함	고체보다 약함	거의 작용하지 않음
분자 운동	제자리에서 진동운동	정해진 범위 안에서 자유롭게 운동	매우 빠르고 자유롭게 운동

않게 배열돼 있어요. 그 때문에 액체는 딱딱하지 않고, 흐르는 성질을 가지는 거예요.

기체 상태에서는 분자들이 서로 거의 잡아당기지 않고, 아주 넓은 범위에서 빠르고 자유롭게 운동해요. 그래서 기체 상태에서 물질의 부피가 가장 크고, 기체는 퍼지는 성질이 있죠.

왼쪽 표는 고체, 액체, 기체 상태에서 분자 배열을 나타낸 것이에요. 상태에 따라 분자의 움직임이 다르죠? 물질의 상태에 따라 분자의 배열이 다르다는 사실을 꼭 기억하세요.

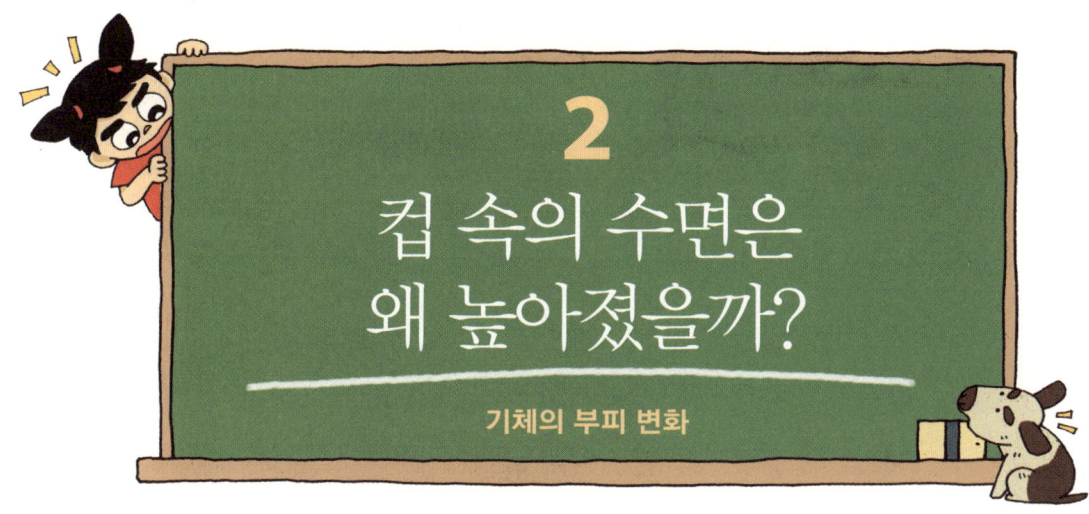

2 컵 속의 수면은 왜 높아졌을까?

기체의 부피 변화

"생일 축하합니다, 생일 축하합니다, 사랑하는 소윤이! 생일 축하합니다!"

오늘은 소윤이의 생일이에요. 소윤이가 예쁜 케이크 위 양초에 "후!" 하고 바람을 불어 촛불을 껐어요. 소윤이 아빠는 생일 선물로 신기한 마술을 준비하셨대요.

소윤이 눈이 호기심으로 반짝 빛났어요.

"자, 양초를 투명한 그릇 가운데 놓고 아랫부분에 고무 찰흙을 발라 고정시킬게. 양초 아랫부분이 잠길 만큼 물을 붓고, 우리 소윤이가 좋아하는 초록색 물감을 풀어 색을 냈어. 이제 양초에 불을 붙인 다음…… 유리컵으로 양초를 덮으면 어떻게 될까?"

"아빠, 문제가 너무 어려워요."

"소윤아, 그럼 아빠랑 같이 풀어 볼까? 짜잔, 아빠의 마술이다!"

소윤이 눈이 휘둥그레졌어요.

"우와! 컵 바깥쪽에 있던 물이 안쪽으로 들어와서 컵 속의 수면이 높아졌어요! 그리고 양초 불꽃은 꺼졌네요."

그릇에 물을 더 부은 것도 아니고, 누가 손으로 물을 누른 것도 아닌데 물이 컵 안쪽으로 쑥 올라왔어요. 어떻게 이런 일이 생긴 것일까요?

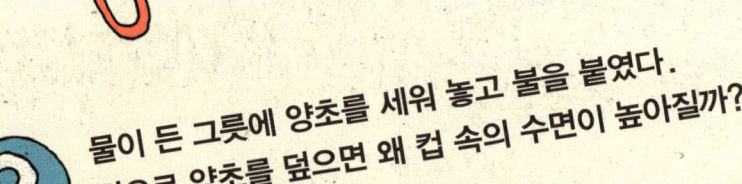

물이 든 그릇에 양초를 세워 놓고 불을 붙였다. 컵으로 양초를 덮으면 왜 컵 속의 수면이 높아질까?

1 양초가 타면서 컵 안에 있던 산소 기체를 쓰고, 산소 기체가 없어진 만큼 물이 컵 안으로 들어오기 때문이다.

2 촛불이 꺼져 컵 안의 온도가 낮아지면서 기체 부피가 줄고, 컵 안쪽과 바깥쪽에 압력 차이가 생기기 때문이다.

기체의 압력이란?

소윤이네 가족은 식목일을 맞아 산에 작은 소나무를 심기로 했어요. 그런데 소윤이는 소나무 묘목에 줄 거름과 삽을 챙기다가 고민에 빠졌어요. 모양이 다른 두 가지 삽이 있었거든요. 끝이 세모 모양인 삽과 끝이 네모 모양인 삽 가운데 어떤 삽을 써야 더 쉽게 땅을 팔 수 있을까요?

같은 힘을 들여 땅을 판다면 끝이 세모난 삽을 쓰는 것이 더 편해요. 끝이 네모난 삽은 힘이 넓은 범위에 작용하므로 땅을 누르는 힘이 적어지거든요. 따라서 삽이 땅을 쉽게 파고들 수 없죠. 그러나 끝이 세모난 삽은 네모난 삽에 비해 힘이 좁은 범위에 작용해요. 삽이 땅과 접촉하는 면적이 좁을수록 땅에 더 큰 압력이 작용하는 거예요.

'압력'이란 어떤 면적에 수직으로 작용하는 힘의 크기를 말해요. 힘이 작용하는 면적이 좁을수록, 힘의 크기가 클수록 압력이 커진답니다. 주변에서 쉽게 볼 수 있는 예를 찾아볼까요? 두유에 빨대를 꽂을 때 뾰족한 부분으로 구멍을 뚫어야 빨대가 잘 들어가는 것도 이런 원리로 설명할 수 있어요.

$$\text{압력} = \frac{\text{작용하는 힘의 크기}}{\text{힘이 작용하는 면의 넓이}}$$

압력에 대해 또 다른 예를 들어 볼게요. 물을 조금 채운 삼각플라스크와 물을 가득 채운 삼각플라스크를 스펀지 위에 올려놓으면, 어느 쪽 스펀지가 더 깊게 파일까요?

삼각플라스크 두 개 모두 바닥이 스펀지 위에 닿게 놓았으므로, 힘이 작용하는 면의 넓이는 같아요. 이때 작용하는 힘은 삼각플라스크에 작용하는 지구의 중력이에요. '중력'이란 지구가 물체를 잡아당기는 힘이에요. 중력은 지구 중심 방향으로 작용하기 때문에, 지구에 있는 모든 물체에는 아래쪽으로 중력이 작용해요.

삼각플라스크도 중력에 의해 지구 중심 쪽으로 당겨져서 삼각플라스크 아래 있는 스펀지가 눌리는 거예요. 중력은 질량이 클수록 커져요. 자, 그러면 어느 쪽 스펀지가 더 많이 파일지 알 수 있겠죠?

물을 가득 채운 삼각플라스크가 질량이 더 크고 따라서 스펀지에 작용하는 압력이 크기 때문에, 물을 가득 채운 삼각플라스크 아래 있는 스펀지가 더 깊이 파인답니다.

이번에는 똑같이 물을 가득 채운 삼각플라스크 두 개 가운데 하나는 스펀지 위에 바닥이 닿도록 놓고, 다른 하나는 거꾸로 세워 놓으면 어떻게 될까요? 이때 스펀지 두 개에 작용하는 힘의 크기는 같아요. 하지만 거꾸로 세워 놓은 삼각플라스크의 힘이 더 좁은 면적에 작용하니까 더 큰 압력을 가하겠죠?

이번에는 기체의 압력에 대해 알아볼게요. 앞 장에서 배웠듯이 기체 상태에서 분자들은 끊임없이 모든 방향으로 분자운동을 해요. 용기에 든 기체 분자들은 분자운동을 계속하면서 용기 벽면에 부딪히는데, 기체 분자들이 용기 벽면에 충돌할 때 가하는 힘을 '기체의 압력'이라고 해요. 그럼 풍선에 기체를 불어 넣으면 어떻게 될까요?

기체 분자들이 모든 방향으로 운동하면서 풍선 안쪽에 부딪혀 힘을 가하므로, 풍선은 모든 방향으로 부풀어 올라 공 모양이 될 거예요. 풍선에 공기를 더 불어 넣으면, 풍선 안에 있는 기체 분자 수가 많아져서 기체 분자가 풍선 벽면에 충돌하는 횟수도 많아지고요. 결국, 풍선 벽면에 작용하는 압력이 커지므로 풍선은 더욱 크게 부풀어 오른답니다.

압력이 커지면 기체의 부피는 어떻게 변할까?

소윤이네 가족은 비행기를 타고 제주도로 여행을 가기로 했어요. 소윤이가 비행기에 가지고 탄 과자 봉지에는 '질소 충전 포장'이라고 쓰여 있었어요. 질소 충전 포장은 과자 봉지 안에 질소 기체를 가득 넣었다는 뜻이에요. 과자를 포장할 때 질소 기체를 같이 넣으면 과자가 부서지는 것이나, 산소 기체와 만나 변하는 것을 막을 수 있거든요. 그런데 비행기가 이륙해 고도가 높아지면 과자 봉지는 어떻게 변할까요?

먼저 주사기로 실험해 볼게요. 기체는 모든 방향으로 운동해 기체가 담긴 용기를 가득 채우는 성질이 있다고 했죠? 따라서 기체의 부피는 기체를 담아 놓은 용기의 부피와 같아요. 그러면 기체가 담긴 용기에 압력을 가하면 어떻게 될까요?

아래 그림을 잘 보면서 생각해 보세요. 주사기 입구를 손으로 막고 피스톤을 누르면 주사기 안에 든 기체의 부피가 작아지는 것을 볼 수 있어요.

그런데 물을 넣은 주사기 입구를 손으로 막고 피스톤을 누르면 주사기 안에 든 물의 부피는 거의 변하지 않아요.

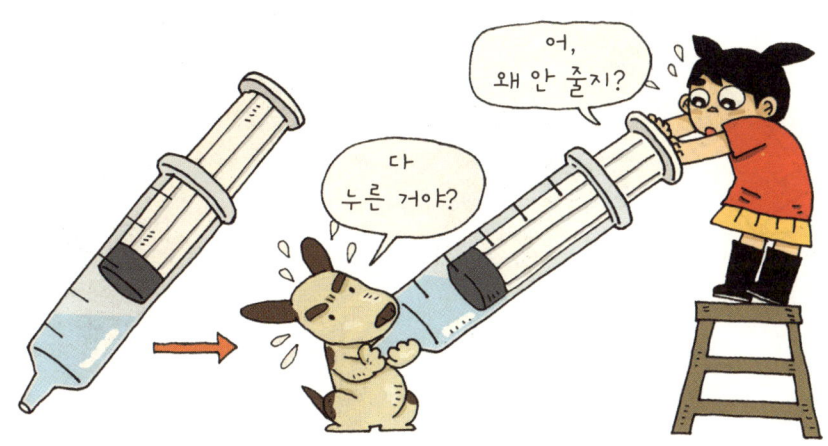

주사기 입구를 막은 채로 피스톤을 누르면 주사기 안에 든 기체와 물에 압력이 작용해요. 주사기를 눌렀을 때 부피 변화로 보아, 기체는 액체와 달리 압력이 커지면 부피가 줄어드는 성질을 가지고 있다는 것을 알 수 있어요. 반대로 기체에 작용하는 압력이 작아지면 기체의 부피는 어떻게 변할까요?

주사기 피스톤을 당기면, 기체의 부피는 다시 커져요. 즉, 기체에 작용하는 압력이 작아질 때 기체의 부피는 커진답니다.

　자, 그러면 소윤이가 비행기에 가지고 탄 과자 봉지가 높은 고도에서 어떻게 변할지 생각해 볼까요?

　비행기는 활주로를 달려 땅에서 떠오른 다음 매우 높은 고도에서 비행해요. 지표에서 멀어질수록 대기압이 작아지는데, 여객용 비행기가 비행하는 고도에서는 기압이 지표면에 작용하는 기압의 $\frac{2}{3}$에 불과하다고 해요. 따라서 높은 고도에서는 과자 봉지에 작용하는 압력이 작아지겠죠? 그래서 과자 봉지 안에 있는 기체의 부피가 커지고 과자 봉지는 부풀어 오른답니다. 어때요, 이제 압력과 기체 부피 변화 사이의 관계를 이해할 수 있겠죠?

압력이 커지면 기체의 분자운동은?

이번에는 기체에 작용하는 압력이 변하면 기체 분자의 움직임이 어떻게 변할지 생각해 볼까요?

아래 그림에서는 기체 분자를 동그라미로 나타냈어요. 화살표 방향은 분자들의 운동 방향을, 길이는 분자들의 운동 속도를 나타내요. 화살표 길이가 길수록 분자들의 운동 속도가 빠른 거예요. 온도 변화가 없을 때 공기가 든 주사기 입구를 막고 피스톤을 누르면, 주사기 속 기체에 작용하는 압력이 커져요. 이때 공기 분자는 어떻게 분포할까요?

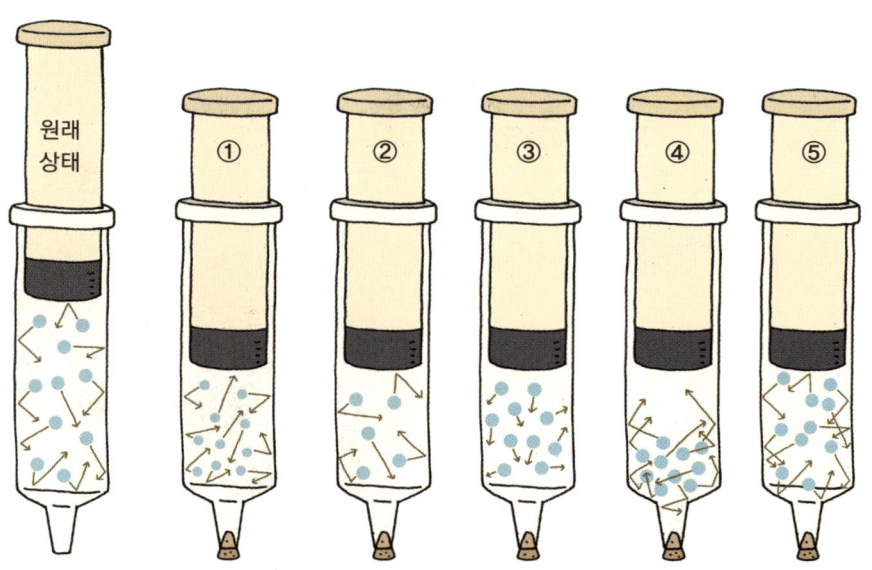

기체 상태에서 물질을 이루는 분자 사이의 거리는 멀어요. 기체에 압력을 가하면 기체 분자들의 거리가 가까워지기 때문에 부피가 작아져요. 그러나 분자 사이의 거리가 비교적 가까운 액체 상태에서는 압력을 가해도 분자 사이의 거리가 크게 달라지지 않아요. 그래서 부피가 크게 변하지 않죠.

기체에 압력을 가하더라도 분자의 크기나 개수, 모양은 변하지 않아요. 종류가 같은 분자는 크기나 모양이 변하지 않고, 분자가 화학 반응을 해 다른 물질로 변하지 않는 한 개수도 변하지 않거든요. 따라서 분자의 크기가 작아지고, 개수가 줄어든 ①번과 ②번 그림은 잘못 표현되었어요.

온도가 일정하다고 했으므로 분자의 운동 속도도 변하지 않기 때문에 화살표 길이가 짧아진 ③번 그림도 잘못 표현됐네요. 또 기체에 압력을 가해도 분자들은 용기 안쪽에 골고루 퍼지는데, ④번 그림은 분자들이 바닥에만 몰려 있으므로 옳지 않아요.

⑤번 그림이 바로 온도 변화가 없고 압력이 커졌을 때 공기 분자의 모습을 옳게 표현한 그림이에요. 분자의 크기와 개수, 모양, 운동 속도가 변하지 않고 분자 사이의 거리만 가까워졌기 때문이죠.

온도가 일정할 때 압력과 기체의 부피는 반비례한다

영국의 과학자 보일은 온도가 일정할 때, 기체에 작용하는 압력과 기체의 부피가 반비례한다는 사실을 발견했어요. 기체에 작용하는 압력이 커지면 기체 부피는 작아지고, 압력이 작아지면 기체 부피가 커져요. 그래서 기체에 작용하는 압력과 기체의 부피를 곱하면 항상 값이 일정하답니다.

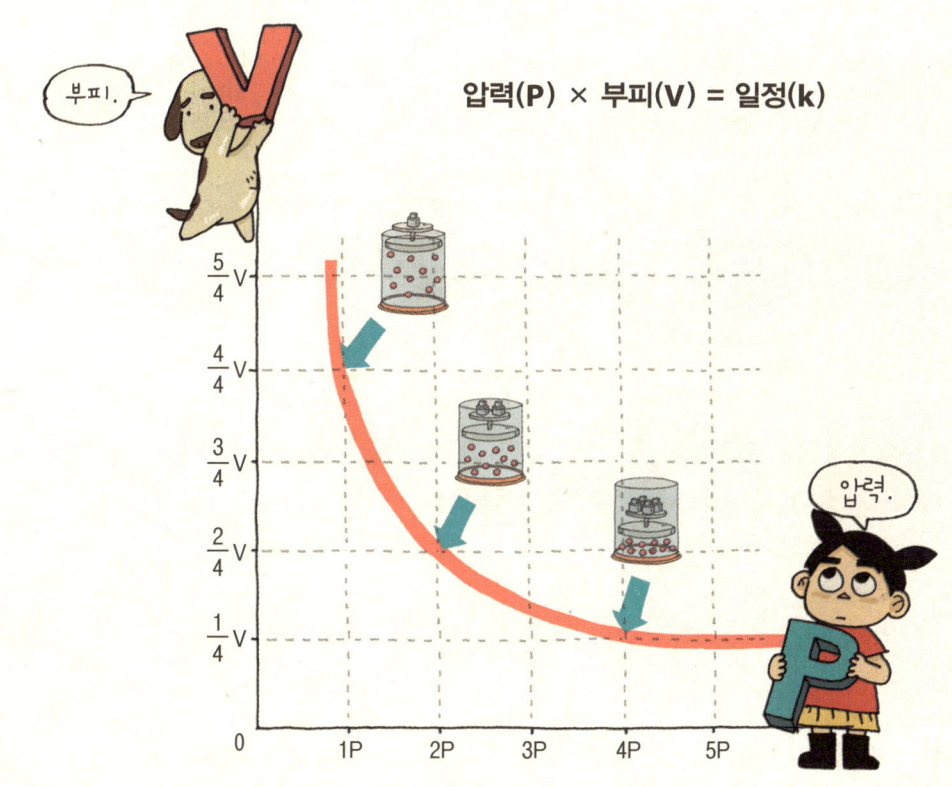

압력(P) × 부피(V) = 일정(k)

예를 들어 볼게요. 물을 담은 어항에 산소 발생기를 틀어 놓으면 어항 안쪽에 기체 방울이 생겨요. 그런데 기체 방울은 수면으로 올라올수록 점점 커져요. 수면에 가까워질수록 수압이 작아지기 때문에 기체 방울에 작용하는 압력도 작아지거든요. 그래서 기체 방울의 부피가 커지는 거예요. 물속에서 잠수부가 숨을 쉴 때 내뿜는 기체 방울도 수면으로 올라올수록 점점 커진답니다.

또 다른 예를 들어 볼까요? 높은 산을 오르다가 귀가 먹먹해졌던 적이 있나요? 기압은 높이 올라갈수록 작아지는데 우리 몸속 기압은 쉽게 변하지 않아요. 그래서 높은 산에서는 우리 몸속 압력이 주변보다 더 커져요. 이때 고막 안쪽에서 고막을 바깥쪽으로 미는 힘이 주변의 압력보다 커지기 때문에 귀가 먹먹해지는 거예요. 이럴 때는 침을 한번 삼키거나, 입을 크게 벌렸다가 다물면 귀가 먹먹한 느낌을 없앨 수 있답니다.

온도가 높아지면 기체의 부피는 커진다

더운 여름에는 시원한 물 생각이 절로 나죠? 냉장고에서 페트병을 꺼내 안에 든 생수를 마시면 갈증이 싹 가실 거예요. 그런데 냉장고에서 꺼낸 빈 페트병을 실온에 두었을 때, '딱!' 하는 소리를 들어 본 적 있나요? 만약 없다면 지금 한번 해 보세요. 냉장고에서 차게 식혀 둔 페트병을 꺼내 내용물을 비운 다음, 실온에 두기만 하면 되는 간단한 실험이니까요. 냉장고에서 꺼낸 페트병을 실온에 두면 왜 소리가 날까요?

보통 페트병 안에 물이나 음료수가 없으면 페트병이 비어 있고, 아무것도 들어 있지 않다고 말해요. 그러나 이는 과학적으로 옳지 않은 표현이에요. 페트병 안은 비어 있는 것이 아니라 공기로 가득 차 있거든요. 페트병 안에 든 공기는 모든 방향으로 퍼지는 성질이 있어서 페트병을 가득 메우고 있어요. 그런데 기체는 온도가 높아지면 부피가 커지는 성질이 있어요.

자, 그럼 이 사실을 기억하면서 냉장고에 넣어 둔 페트병을 실온에 꺼내 놓으면 어떻게 변할지 생각해 보세요. 당연히 실온에 놓아 둔 페트병 온도가 올라가면 페트병 안에 있는 공기 부피가 커지겠죠? 페트병 안에 있는 공기 부피가 커지면 약간 쭈그러져 있던 페트병이 펴지는데, 바로 이때 '딱!' 하고 소리가 나는 것이랍니다.

어때요, 어렵지 않죠? 온도에 따라 기체의 부피가 변하는 예를 더 들어 볼까요?

먼저 빈 음료수 유리병을 냉동실에 넣어 차갑게 식히세요. 그리고 동전에 물을 약간 묻혀서 차가워진 유리병 입구에 올려놓으세요. 그런 다음 병을 양손으로 감싸면, 동전이 찰싹찰싹 소리를 내며 움직이는 것을 볼 수 있어요. 동전이 저절로 움직이다니, 희한하죠? 어떻게 이런 일이 가능한 걸까요?

유리병을 손으로 감싸면 유리병 온도가 높아지면서 유리병 안에 있던 공기 부피가 커져요. 이때 부피가 커진 공기가 동전을 들어 올리면서 밖으로 빠져나가고, 다시 동전이 병 입구에 달라붙으면서 '착!' 하고 소리가 나는 것입니다. 이런 과정이 계속되면서 동전이 소리를 내며 들썩이는 거예요. 어때요, 신기해 보이는 현상도 원리를 알고 나니 쉽게 이해가 가죠?

온도가 높아지면 기체의 분자운동은 활발해진다

이번에는 온도가 높아질 때 기체의 부피가 커지는 것을 풍선을 이용해 확인해 볼게요. 페트병 입구에 풍선을 끼우면 풍선이 아래로 축 처져요. 이 페트병을 뜨거운 물에 넣고 잠시 기다리면 어떻게 될까요?

말할 것도 없이 풍선은 부풀어 올라 빵빵해진답니다. 페트병 온도가 높아지면 페트병 안에 있던 공기의 부피가 커져서 풍선 안으로 공기가 들어가기 때문이에요. 이 페트병을 찬물에 넣으면, 페트병 안의 온도가 낮아지면서 공기의 부피가 작아지고 풍선이 다시 쭈그러들어요.

원래 상태   뜨거운 물에 넣었을 때

그러면 페트병을 뜨거운 물에 넣었을 때 공기 분자는 어떻게 분포할까요? 48쪽 그림을 보면서 어떤 것이 옳게 표현된 그림일지 생각해 보세요.

동그라미는 공기 분자를 나타낸 것이고, 화살표 방향은 분자들의 운동 방향을, 길이는 운동 속도를 나타내요. 화살표의 길이가 길수록 분자들의 운동 속도가 빠르다는 것을 의미하고요.

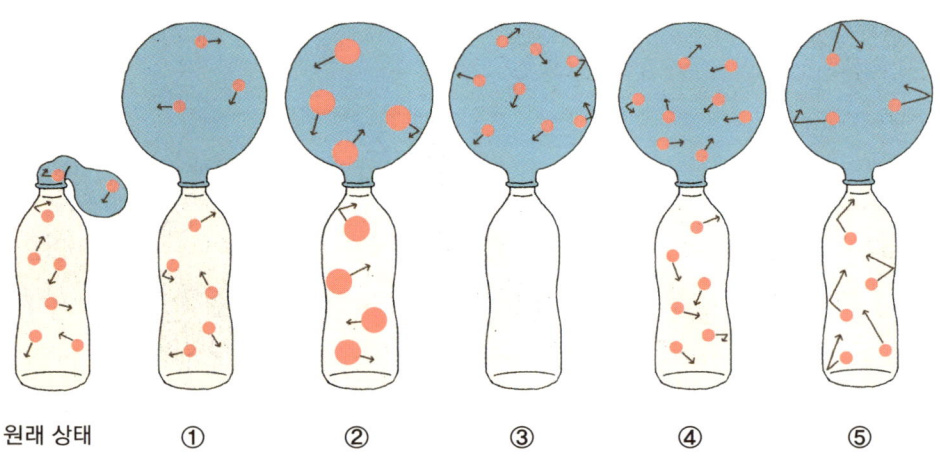

원래 상태　①　②　③　④　⑤

기체 상태에서 분자들은 고체나 액체 상태보다 활발하고 자유롭게 움직인다고 했어요. 분자 사이의 거리도 멀어서 분자끼리 거의 영향을 미치지 않죠. 기체를 가열하면 기체 분자들의 운동 속도가 빨라지고 분자운동이 활발해져서 분자 사이의 거리가 더욱 멀어져요. 그래서 기체의 부피가 커지는 거예요.

이렇듯 어떤 공간에 있는 기체의 부피가 증가할 때 기체의 분자

수는 변함이 없고, 기체 분자의 크기와 모양도 변하지 않는답니다. 다만 기체 분자 사이의 거리가 멀어질 뿐이죠. 그래서 기체가 차지하는 공간의 크기인 부피가 커지는 거예요.

자, 그러면 그림을 보며 곰곰이 생각해 볼까요? ①, ②, ③, ④번 그림은 모두 잘못 표현된 그림이에요. 온도가 높아지면 기체 분자의 운동 속도가 빨라져야 하는데, ①번 그림에서는 원래 상태와 비교했을 때 기체 분자의 운동 속도가 거의 변하지 않았어요. 온도가 높아져도 기체 분자는 크기가 변하지 않는데, ②번 그림은 기체 분자가 커졌고요.

기체 분자들이 모든 공간에 골고루 퍼져야 하는데, ③번 그림에서는 풍선 쪽에만 몰려 있네요. 풍선이 부풀어 오르는 것만 생각한 나머지, 기체 분자들이 풍선으로 몰려갔다고 생각한 경우예요. 또 온도가 높아져도 기체 분자들의 개수는 변하지 않는데, ④번 그림에서는 기체 분자 수가 늘어났죠.

⑤번 그림이 바로 온도가 높아졌을 때 기체 분자의 모습을 옳게 표현한 그림이에요. 분자가 모든 공간에 고르게 분포하고, 분자의 수나 크기가 변하지 않았고, 분자의 운동 속도가 증가한 것을 나타냈기 때문이죠.

압력이 일정할 때 기체의 부피는 온도에 정비례한다

1787년 프랑스의 화학자 샤를은, 압력이 일정할 때 기체의 부피는 온도가 1℃ 올라갈수록 0℃일 때 부피의 $\frac{1}{273}$배씩 증가한다는 사실을 밝혀냈어요. 즉, 압력이 일정할 때 기체의 부피는 온도에 정비례한다는 거예요.

압력이 일정할 때 온도가 높아지면 기체의 부피가 커지고, 온도가 낮아지면 기체의 부피가 작아진다는 샤를의 법칙은 여러 가지 현상에 대한 궁금증을 풀어 줍니다. 이제 누가 탁구공이 찌그러졌을 때 어떻게 탁구공을 원래대로 펼 수 있을지 물으면, 조목조목 원리를 짚어 가며 설명할 수 있겠죠?

탁구공에도 공기가 들어 있어요. 탁구공을 뜨거운 물에 넣으면 탁구공의 온도가 높아지고, 탁구공 안에 있는 공기의 분자운동이 활발해지면서 공기 부피가 커지겠죠. 그래서 찌그러진 탁구공이 원래대로 펴지는 것이랍니다.

한 가지 예를 더 들어 볼게요. 빵빵한 풍선을 하나만 넣어도 꽉 차는 비커 안에 풍선을 여러 개 넣는 방법이 있답니다. 그게 무슨 뚱딴지같은 소리냐고요? 샤를의 법칙을 적용해 보면 불가능한 일도 아니에요.

풍선을 뜨거운 물에 넣으면 탁구공을 넣었을 때처럼 부피가 커져요. 그렇다면 온도가 낮은 액체 질소에 풍선을 넣으면 어떻게 될까요? 액체 질소는 기체 상태의 질소를 액체로 만든 거예요. 질소 기체는 공기 중에 약 78%나 들어 있는데, 색깔과 냄새가 없어요. 액체 질소는 물처럼 투명하고, 그 온도는 -196℃로 아주 낮아요. 그래서 아주 특별한 용기에 보관하죠.

액체 질소가 든 비커에 팽팽하게 부푼 풍선을 넣으면, 풍선 안에 있는 공기의 온도가 낮아지면서 풍선이 쭈그러들어요. 여기에 또 다른 풍선을 넣으면 풍선이 또 쭈그러져서 그 부피가 작아지죠. 그래서 비커 안에 풍선을 많이 넣을 수 있는 것이랍니다. 그럼 쭈그러진 풍선을 하나씩 꺼내 상온에 두면 어떻게 될까요? 풍선 안에 있는 공기 온도가 높아지면서 부피가 커지므로 풍선은 다시 부풀어 오르죠.

풍선을 이용한 실험을 한 가지 더 소개할게요. 접착제를 쓰지 않고도 풍선을 컵에 붙일 수 있거든요. 먼저 풍선을 불어 두고, 플라스틱 컵 안쪽을 라이터로 가열해요. 가열한 플라스틱 컵 입구 부분을 크게 부푼 풍선에 대고 꾹 누른 채 잠시 기다리면, 풍선에 플라

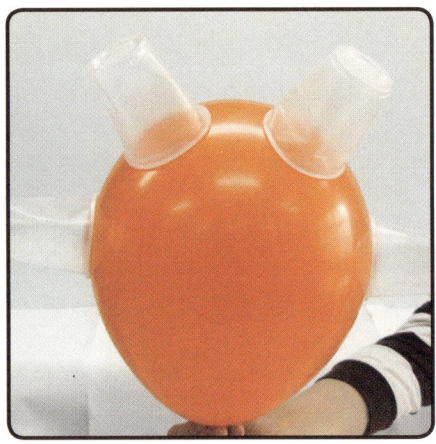

가열한 플라스틱 컵이 풍선에 달라붙은 것을 볼 수 있다.

스틱 컵이 착 달라붙어요. 이때 컵을 들어 올리면 풍선도 함께 들리죠. 어떻게 이런 일이 가능한 걸까요? 앞에서 설명한 샤를의 법칙의 원리를 곰곰이 생각해 보세요. 한 가지 원리를 알면 다른 현상에도 적용시켜 볼 수 있으니까요.

가열한 플라스틱 컵을 풍선에 꼭 붙였으므로 컵 안에 있는 공기 분자 수는 변함이 없어요. 플라스틱 컵을 풍선에 붙인 다음 시간이 조금 흐르면, 컵 온도가 내려가면서 컵 안쪽에 있던 공기 부피가 줄어들죠. 바로 이때 줄어든 공기 부피만큼 풍선이 컵 쪽으로 빨려 들어가서 풍선과 플라스틱 컵이 달라붙는 것이랍니다.

양초가 연소할 때 수면이 위로 올라오는 이유는?

자, 그럼 처음에 나왔던 문제를 다시 생각해 볼까요? 투명한 그릇 바닥에 양초를 고정한 다음 물을 붓고, 양초에 불을 붙인 뒤 컵으로 덮으면 컵 안쪽 수면이 올라오는 이유에 대한 문제였어요.

양초에 불을 붙이는 것을 과학에서는 '양초를 연소시킨다.'라고 해요. '연소'란 어떤 물질이 산소와 결합해 반응하면서 빛과 열을 내는 현상이에요. 연소가 일어나려면 탈 물질과 산소 기체가 있어야 하고, 탈 물질의 온도가 발화점 이상으로 올라가야 해요. '발화점'이란 어떤 물체가 스스로 타는 온도예요.

불을 붙인 양초를 컵으로 덮으면, 몇 초 지나지 않아 불꽃이 꺼져요. 양초가 연소할 때 필요한 산소 기체를 충분히 공급받지 못했기 때문이에요. 그러면 컵 안쪽 수면은 왜 높아지는 걸까요?

어떤 친구는 양초가 연소하면서 컵 안에 있는 산소를 쓰고, 산소 기체가 없어진 만큼 물이 컵 안쪽으로 밀려들어 왔다고 생각할 수도 있어요. 탄소, 수소, 산소 원자로 구성된 양초를 연소시키면 이산화탄소와 수증기가 생겨요. 그런데 줄어든 산소 기체의 부피보다 양초가 연소해서 생기는 이산화탄소 기체와 수증기의 부피가 더 크답니다. 결국 없어진 산소 기체 부피보다 더 많은 기체가 생겨난 것이죠. 그렇다면 생겨난 기체의 부피만큼 컵 속에 있던 물이 바깥쪽으로 밀려나야 할 것 같은데, 왜 물이 컵 안쪽으로 들어왔을까요?

또 어떤 친구는 양초가 연소해서 생긴 이산화탄소 기체가 물에 녹아서 수면이 높아진 거라고 말할 수도 있을 거예요. 탄산음료에 이산화탄소 기체가 녹아 있는 것을 떠올리고는, 이산화탄소 기체가 물에 아주 잘 녹을 거라고 생각한 결과죠. 그러나 실제로 이산화탄소 기체가 물에 녹는 정도는 아주 적답니다. 이산화탄소는 20℃, 1기압에서 물 100g당 0.169g이 녹아요. 물론 다른 기체보다는 물에 녹는 양이 크지만, 이산화탄소 기체가 물에 녹아서 수면이 높아졌다고 설명하기에는 부족한 양이랍니다.

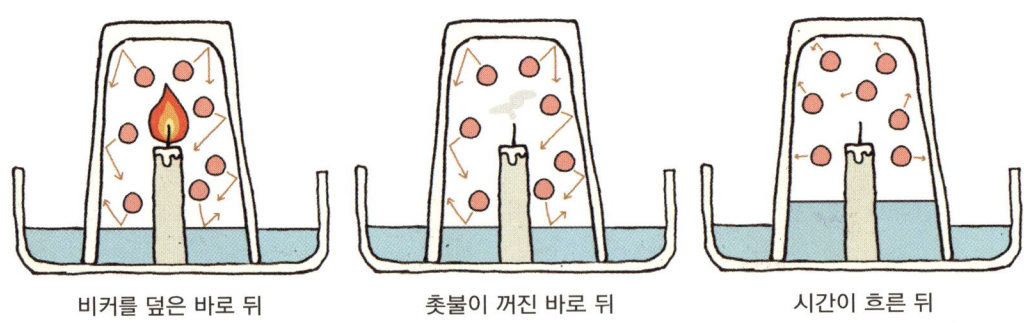

비커를 덮은 바로 뒤   촛불이 꺼진 바로 뒤   시간이 흐른 뒤

양초가 연소할 때 컵 안 수면이 높아진 이유가 산소 기체가 없어져서도 아니고, 이산화탄소 기체가 물에 녹아서도 아니라면 도대체 무엇 때문일까요?

그건 바로 컵 안쪽에 있던 공기의 부피가 온도에 따라 변해서 컵 안쪽과 바깥쪽에 압력 차이가 생기기 때문이죠.

양초가 연소하는 동안에는 촛불의 열기로 컵 안쪽의 공기 온도가 높아져요. 그래서 공기 분자들이 활발하게 운동하고, 부피가 커지죠. 그런데 촛불이 꺼지면, 공기 분자들의 운동이 둔해지면서 부피가 작아져요. 결국 컵 안쪽 공기의 압력이 컵 바깥쪽 공기의 압력보다 작아져서, 바깥쪽 공기가 물에 압력을 가해요. 그래서 컵 바깥쪽에 있던 물이 안쪽으로 밀려들어 가면서 컵 안쪽 수면이 높아지는 것이랍니다. 수면은 컵 안쪽 공기의 압력과 바깥쪽 공기의 압력이 같아질 때까지 올라갈 거예요.

3
얼음은 왜 녹아서 물로 변할까?
상태변화와 열에너지

"엄마, 너무 더워요. 팥빙수가 먹고 싶어요."

어느 더운 여름날 소윤이는 엄마와 함께 팥빙수를 만들어 먹기로 했어요. 소윤이는 냉동실에서 얼음을 꺼내 놓고, 엄마는 다른 재료들을 준비하셨어요. 소윤이는 맛있는 팥빙수를 먹을 생각에 신이 났죠. 그런데 팥빙수에 넣을 과일을 썰던 엄마가 소윤이를 부르셨어요.

"소윤아, 얼음을 갈려면 믹서가 필요한데 어디 있는지 모르겠다. 엄마랑 같이 찾아보자."

소윤이는 엄마와 믹서를 찾고 나서 아까 꺼내 놓은 얼음을 가지러

갔어요. 그런데 소윤이는 얼음을 보고 깜짝 놀랐어요.

"엄마! 그사이에 얼음이 작아지고, 얼음 주위에 물이 생겼어요."

얼음을 담은 그릇에 물을 부은 것도 아닌데, 물은 어떻게 생긴 것일까요?

액체 상태인 물을 얼리면 고체 상태인 얼음으로 변해요. 얼음이 녹으면 다시 물이 되기 때문에 얼음 주위에 물이 생긴 거예요. 이처럼 물질의 상태가 변하는 것을 '상태변화'라고 해요. 고체인 초콜릿도 녹으면 액체 상태로 변하고, 녹인 버터도 굳으면 고체 상태가 되죠.

그런데 왜 고체 상태인 얼음이 액체 상태인 물로 변했을까요? 딱딱하고 모양이 일정한 얼음이 아무 모양도 없는 물로 변하다니, 도대체 어떤 일이 일어난 것일까요?

냉장고에서 얼음을 꺼내 놓으면 왜 물로 변할까?

① 딱딱한 얼음 분자가 물렁물렁한 물 분자로 변하기 때문이다.

② 얼음이 주위의 열을 흡수하기 때문이다.

열에너지와 열평형

냉동실에서 꺼낸 얼음을 손에 쥐고 있으면 얼음이 녹아요. 그리고 얼음을 쥐고 있던 손은 차가워지죠. 얼음을 쥐고 있으면 손이 왜 차가워지는 걸까요?

물질의 차갑고 뜨거운 정도를 수량으로 나타낸 것을 '온도'라고 해요. 온도를 나타내는 방법에는 섭씨온도(℃)와 화씨온도(℉)가 있는데, 우리나라에서는 섭씨온도를 많이 써요. 섭씨온도는 1기압에서 물이 어는 온도를 0℃, 물이 끓는 온도는 100℃로 정해 그 사이를 백 등분한 간격으로 나타내요.

온도가 높은 물체에서 온도가 낮은 물체로 이동하는 에너지를 '열'이라고 하는데, 보통 열에너지라고 해요. 얼음을 쥔 손이 차가워지는 것도 온도가 높은 손에서 온도가 낮은 얼음으로 열이 이동하기 때문이에요.

온도가 높은 물체와 낮은 물체를 붙여 놓으면 온도가 높은 물체는 점차 온도가 낮아지고, 온도가 낮은 물체는 온도가 조금씩 높아지면서 결국 두 물체의 온도가 같아져요. 이 상태에서는 열이 더 이상 이동하지 않는데, 이를 '열평형'이라고 하죠.

　추운 겨울날 집 밖에 가위를 두면, 가위가 바깥 공기와 열평형을 이뤄 가위 온도가 바깥 온도와 같아져요. 가위를 만져 보면 바깥 온도만큼 차갑게 느껴질 거예요. 그런데 왜 밖에 내놓은 금속 가위 날을 만지면 플라스틱 손잡이 부분보다 더 차갑게 느껴질까요?

　금속 부분이 더 차갑게 느껴지니까 금속 부분과 플라스틱 부분의 온도는 큰 차이가 날 거라고 생각할 수도 있어요. 하지만, 가위는 어떤 부분이든 그 온도가 같아요. 가위는 바깥 공기와 열평형을 이루었고, 가위의 금속 부분과 플라스틱 부분도 열평형을 이루었으니까요.

　바깥에 내놓은 가위 온도는 우리 체온보다 낮아서 가위를 쥐면 손에 있던 열이 가위 쪽으로 이동해요. 그런데 열은 플라스틱 부분보다 금속 부분으로 더 빨리 이동하는 성질이 있어요. 금속 부분을 잡으면 열을 빨리 빼앗겨서 더 차갑게 느껴지는 것이랍니다.

　뜨거운 물 속에 금속 포크를 넣으면 물의 열이 포크로 이동해 포크 온도가 높아져요. 그런데 금속 포크에 더 많은 열이 전달되면 금속 포크의 상태가 변할 수도 있어요. 금속 포크를 용광로에 넣고 아주 뜨겁게 가열하면 녹아서 액체로 변하거든요. 얼음도 열을 받으면 녹아서 물로 상태가 변해요. 만일 얼음을 상온에 둔다면 어떻게 해야 얼음이 덜 녹게 할 수 있을까요?

　얼음을 상온에 두면 주변 공기보다 온도가 낮은 얼음으로 열이 전달돼 물로 변해요. 그러면 얼음에 솜이불을 덮어 놓으면 어떻게 될까요? 우리가 솜이불을 덮고 잘 때처럼 얼음이 따뜻해져서 더 잘 녹을까요?

　우리가 솜이불을 덮었을 때 따뜻한 이유는 몸에서 나오는 열이 공기 중으로 전달되는 것을 솜이불이 막아 주기 때문이에요. 솜은 열을 잘 전달하지 못하는 성질이 있거든요. 얼음을 솜으로 싸 놓으면 열이 얼음으로 쉽게 전달되지 못하기 때문에 얼음이 덜 녹는답니다. 솜 말고도 스티로폼, 코르크, 헝겊처럼 열을 잘 전달하지 못하는 물질을 '열의 절연체'라고 불러요.

상태변화와 열에너지

어떤 물질이 열에너지를 흡수하면 분자운동이 활발해져요. 고체 상태에서 분자들은 제자리에서 진동운동을 하는데, 가열하면 분자운동이 점점 활발해져요. 계속 가열하면 결국 분자들은 서로 끌어당기는 힘을 이겨 내고 정해진 범위 안에서 자유롭게 운동할 수 있게 되죠. 바로 고체가 액체로 상태변화한 거예요.

액체 상태에서는 고체 상태일 때보다 분자 사이의 거리가 더 멀어지고, 분자가 서로 끌어당기는 힘이 약해져요. 액체 상태의 물질을 계속 가열하면 분자들의 운동 에너지가 커지기 때문에 분자 사이의 거리가 점점 멀어지죠. 그래서 분자 사이에 끌어당기는 힘이 거의 작용하지 않는 기체 상태로 변해요. 기체 상태에서 분자는 다른 분자의 영향을 거의 받지 않고 자유롭게 운동해요. 그래서 기체 상태에서는 고체나 액체 상태보다 부피가 크답니다.

고체에서 액체로 상태변화하는 과정을 융해라고 해요. '융해'란 고체 분자들의 배열이 불규칙하게 풀어져서 액체로 변한다는 뜻이에요. 융해 과정에서 고체가 흡수하는 열을 '융해열'이라고 해요.

액체에서 기체로 상태변화하는 과정은 '기화'라고 하는데, 기화 과정에서 액체가 흡수하는 열이 '기화열'이에요. 그런가 하면 고체가 액체 상태를 거치지 않고 바로 기체로 상태변화할 수도 있는데, 이를 승화라고 해요. 고체가 기체로 변하는 승화 과정에서 고체가 흡수하는 열은 '승화열'이고요.

분자들이 열을 흡수하지 않고 주위에 열을 내어 주면 분자운동이 둔해져요. 분자 사이의 거리가 가까워지면서 분자들이 서로 끌어당기는 힘이 커져 상태가 변하기도 해요. 이처럼 액체에서 고체로 상태변화하는 과정을 응고라고 해요. '응고'란 딱딱하게 굳어진다는 뜻이에요. 응고 과정에서 액체가 방출하는 열을 '응고열'이라고 하죠.

기체에서 액체로 상태변화하는 과정은 '액화'라고 하고, 액화 과정에서 기체가 방출하는 열은 '액화열'이에요. 기체에서 액체를 거치지 않고 바로 고체 상태로 상태변화할 수도 있는데, 이를 '승화'라고 하고요. 기체가 고체로 변하는 승화 과정에서 기체가 방출하는 열은 '승화열'이랍니다. 아래 그림은 고체, 기체, 액체의 상태변화 과정을 나타낸 거예요. 상태 변화 과정에서는 분자의 종류나 크기, 모양은 변하지 않고 분자의 배열만 달라지죠.

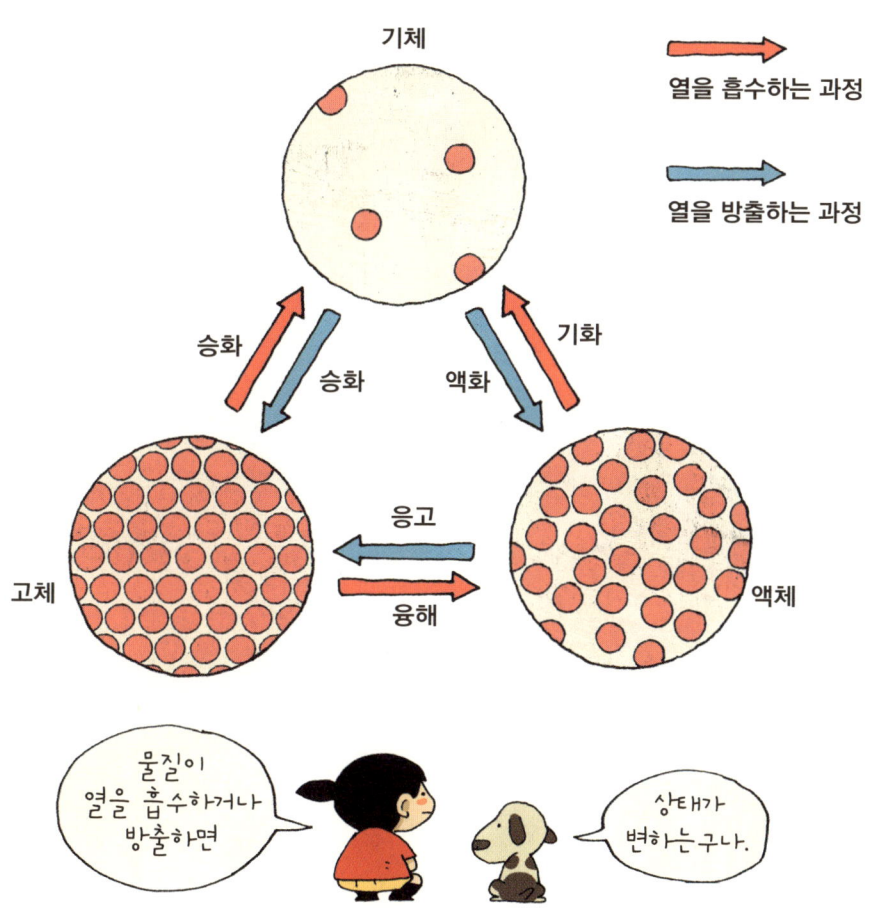

언 발에 오줌 누면 발이 꽁꽁 언다

초콜릿은 딱딱한 고체 상태예요. 그런데 융해와 응고의 원리를 이용하면 초콜릿을 여러 가지 모양으로 만들 수 있어요. 먼저 네모난 초콜릿을 조각내 비닐봉지 안에 넣어요. 그런 다음 초콜릿 조각을 담은 비닐봉지를 끓는 물에 넣어요. 물의 열이 초콜릿으로 전달되면 고체 상태의 초콜릿이 녹아서 액체 상태가 될 거예요.

초콜릿은 액체 상태가 돼도 냄새, 맛, 색깔이 변하지 않아요. 이제 비닐봉지에 구멍을 약간 뚫어서 액체 초콜릿을 짜내 여러 가지 모양을 만들고, 다시 식어서 고체가 될 때까지 기다리면 여러분만의 특별한 초콜릿이 완성되겠죠? 이 실험은 바로 고체 상태의 초콜릿이 열을 흡수해 액체로 융해되고, 액체 상태의 초콜릿이 열을 방출해 고체로 응고되는 원리를 이용한 거예요.

그런가 하면 우리 나라 속담에도 융해와 응고의 원리가 숨어 있는 것이 있어요. '언 발에 오줌 누기'라는 속담을 들어 본 적 있나요?

언 발에 오줌을 누면 차가운 발에 오줌의 열이 전달돼 잠시 따뜻해질 수 있어요. 하지만 오줌은 주위로 열을 빼앗겨 결국 얼어 버리고 말아요. 액체 상태의 오줌이 주위에 응고열을 방출하고 고체로 상태변화하는 거예요. 결국 언 발에 오줌을 누면 발이 더욱 꽁꽁 얼겠죠? 이 속담에는 문제의 원인을 찾아 해결하는 것이 아니라 잠시 효과가 있는 방법으로 덮어 두려 들면, 더욱 좋지 않은 결과를 가져올 수 있다는 뜻이 있어요.

융해와 응고의 또 다른 예를 들어 볼까요? 극지방의 얼음집에 사는 에스키모인들은 얼음집에 물을 뿌려서 추위를 이겨 낸다고 해요. 가스나 전기, 석유가 아니라 물을 난방 연료로 쓴다니 신기하죠? 얼음집에 뭔가 특별한 장치라도 달려 있는 걸까요?

얼음집에 특별한 장치가 있는 것은 아니에요. 얼음집 안은 온도가 낮아서 물을 뿌리면 물이 얼음으로 변해요. 이때 물이 얼면서 응고열을 방출하기 때문에 훈훈해지는 것이랍니다. 어때요, 신기하게만 보이는 현상도 원리를 적용해 보니 쉽게 이해가 가죠?

이런 원리로 오렌지를 키우는 농가에서는 날씨가 추워지면 오렌지 나무에 물을 뿌린다고 해요. 물이 얼면서 응고열을 방출하므로 오렌지가 어는 것을 막을 수 있기 때문이죠.

에어컨 대신 냉장고 문을 열어 두면 시원해질까?

매니큐어를 지울 때 쓰는 아세톤은 액체 상태예요. 아세톤을 이용한 실험으로 기화와 액화의 과정을 살펴볼 수 있어요. 먼저 아세톤을 일회용 비닐장갑에 넣고 입구를 묶은 다음 질량을 재요. 아세톤이 든 비닐장갑에 뜨거운 물을 부으면, 아세톤이 우리 눈에 보이지 않는 기체로 변해 비닐장갑이 부풀어 올라요.

이때 비닐장갑 겉에 묻은 물기를 닦고 질량을 재면, 처음에 쟀던 질량과 같아요. 즉, 상태가 변화하더라도 물질의 질량은 변하지 않는다는 걸 알 수 있죠? 이렇게 부풀어 오른 비닐장갑에 찬물을 부으면 아세톤이 다시 액체 상태로 변하고, 비닐장갑은 쭈그러들어요. 이 실험에서 아세톤은 기화되었다가 다시 액화되었어요.

우리 주위에서 기화와 액화의 원리를 이용한 예로 또 어떤 것이 있을까요? 바로 냉장고예요. 냉장고 속에서 냉매가 기화되었다가

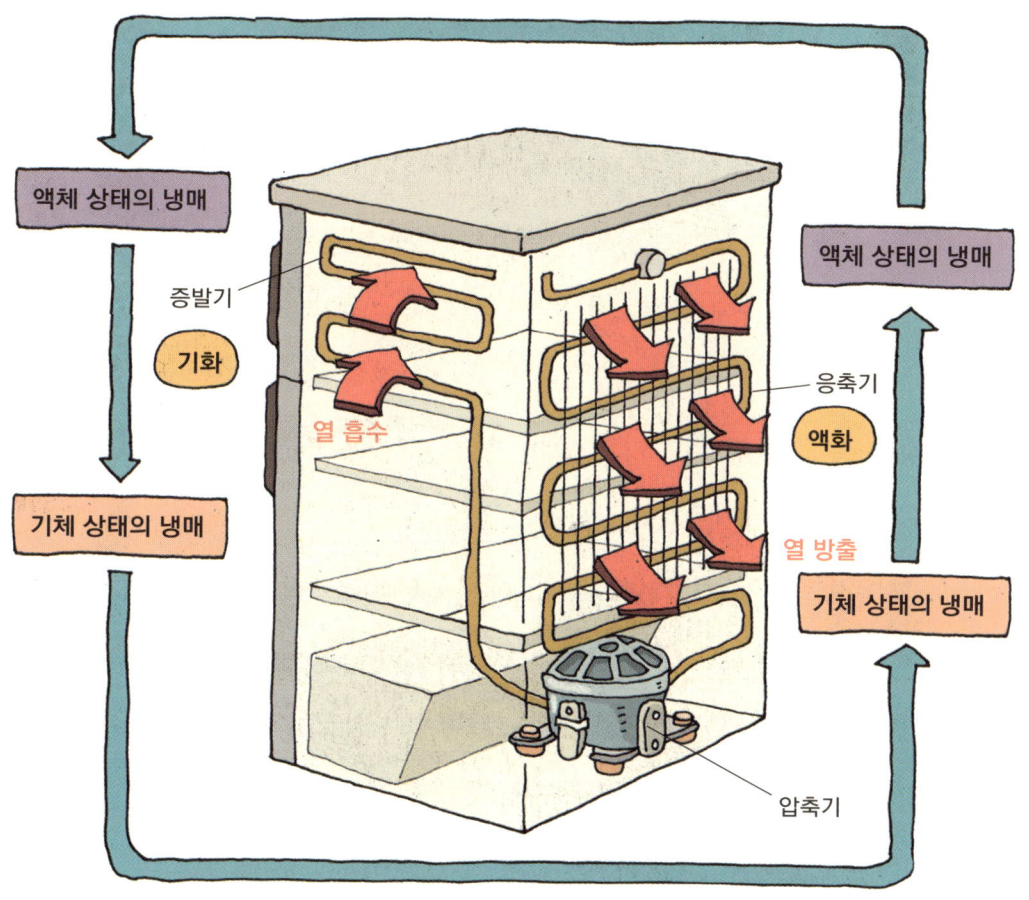

다시 액화되는 과정을 반복하기 때문에 음식을 시원하게 보관할 수 있답니다. 냉장고는 냉장고 안을 시원하게 해 주고, 에어컨은 실내를 시원하게 해 줘요. 그러면 에어컨을 트는 대신 냉장고 문을 열어 놓으면 냉기가 나와 방 안이 시원해질까요?

냉장고는 음식물을 보다 신선하기 보존하기 위해 안쪽 온도를 낮게 유지해요. 냉장고 안의 온도가 낮게 유지되는 것은 냉매가 냉장고 안에서 기화열을 흡수하기 때문이에요. 냉매는 열을 빼앗기 위해 쓰는 물질이에요. 냉장고 안에는 구불구불한 관이 연결되어 있는데, 바로 이 관에 냉매가 들어 있어요.

액체 상태의 냉매를 증발기에 통과시키면 증발기에서는 냉매가 냉장고 속 열을 흡수해 기체 상태로 변해요. 이때 흡수하는 열이 냉매의 기화열이에요. 기체 상태의 냉매는 압축기에서 압축돼 응축기로 보내지는데, 응축기에서는 냉매를 더욱 압축해서 액체 상태로 만들어요. 이때 냉매는 액화열을 방출해요.

냉매는 기화하면서 냉장고 속의 열을 흡수하고, 다시 액화하면서 냉장고 바깥쪽으로 열을 내보내는 역할을 해요. 결국, 냉장고 문을 열어 놓으면 냉장고 안쪽에서 열을 빼앗아 뒤쪽으로 내보내므로 방 안이 시원해지지 않을 거예요. 그러니 냉장고 문을 계속 열어 놓는 일은 없어야겠죠?

액화에 대한 예를 한 가지 더 들어 볼게요. 얼음을 컵에 담고 물을 부은 다음 잠시 기다리면 컵 표면에 물방울이 생기는 것을 볼 수 있어요. 물방울은 어디에서 온 것일까요? 컵 안쪽의 물이 새어 나왔을까요? 아니면 공기 중의 수증기가 물로 변한 걸까요?

우리 눈에 보이지 않지만, 공기 중에는 수많은 수증기가 있어요. 이 수증기들은 차가운 물체의 표면에 닿으면 열을 잃고 액체로 변해요. 기체 상태의 수증기가 액체 상태인 물로 변했으니 바로 액화가 일어난 것이죠. 이때 방출하는 열이 액화열이에요.

얼음물이 든 컵 표면에 생기는 물방울도 바로 수증기가 액화한 것이랍니다. 추운 날 바깥에서 안경을 끼고 있다가 실내에 들어가면 안경 렌즈에 서리는 김이나, 풀잎 표면에 동글동글 맺히는 이슬도 액화 현상이에요.

드라이아이스에서는 왜 흰 연기가 나올까?

가수들이 노래를 부르는 무대나 결혼식장에서는 멋진 장면을 연출하려고 바닥에 하얀 연기를 깔기도 해요. 이 하얀 연기는 바로 드라이아이스를 이용한 거예요. 이산화탄소 기체에 큰 압력을 가해 압축한 다음, 낮은 온도로 냉각시키면 드라이아이스가 돼요. 이 드라이아이스로 어떻게 하얀 연기를 만들 수 있을까요?

드라이아이스 한 조각을 그릇에 담고 관찰하면, 주변에 흰 연기

가 생기는 것을 볼 수 있어요.

이 흰 연기는 무엇으로 이루어져 있을까요? 이산화탄소 기체를 이용해 드라이아이스를 만든다고 했으니, 흰 연기가 바로 드라이아이스가 승화한 이산화탄소 기체일 거라고 생각할 수도 있을 거예요. 하지만 이산화탄소 기체는 색깔도 냄새도 없답니다.

드라이아이스는 그 온도가 무려 −78.5℃로 매우 낮아서 손으로 만지면 위험해요. 드라이아이스 주변에 생기는 흰 연기는 바로 드라이아이스가 주변의 열을 흡수해 고체에서 기체로 상태변화할 때,

즉 승화할 때 생기는 작은 물방울 또는 아주 작은 얼음 알갱이예요. 공기 중의 수증기가 드라이아이스에게 열을 빼앗겨서 액체 혹은 기체 상태로 변하는 거죠.

그런데 왜 드라이아이스는 고체 상태에서 액체로 녹지 않고 바로 기체 상태로 승화할까요? 드라이아이스는 이산화탄소 기체를 큰 압력과 낮은 온도에서 고체 상태로 변화시킨 물질이라고 했죠? 대기압은 1기압인데, 1기압에서 이산화탄소는 고체 또는 기체 상태예요.

고체 상태의 이산화탄소인 드라이아이스가 액체 상태의 이산화탄소가 되려면 주위의 기압이 매우 커져야 하는데, 대기압이 1기압일 때에는 드라이아이스가 액체로 변할 수 없어요. 그래서 1기압일 때 드라이아이스 고체는 바로 기체로 승화하는 거예요. 그러나 드라이아이스를 밀폐된 용기에 넣고 기압을 증가시키면 드라이아이스가 액체로 변하는 것을 볼 수 있답니다.

상태가 변화하면 질량과 부피도 변할까?

대부분의 물질은 양이 같을 경우 고체보다 액체, 액체보다 기체의 부피가 더 커요. 그런데 물은 액체보다 고체의 부피가 더 크답니다. 물과 얼음의 부피에 대한 이야기는 10장에서 다시 자세히 이야기할게요. 먼저 물과 얼음의 상태가 변하면 질량이 어떻게 변할지 알아보기로 해요.

플라스틱 통 안에 얼음을 넣고 뚜껑을 닫아 놓으면 얼음이 모두 녹아 물로 변해요. 그러면 얼음의 질량과 물의 질량에는 차이가 있을까요?

얼음이 물로 변하더라도 뚜껑을 꼭 닫아 놓았으므로 물은 밖으로 빠져나오지 못해요. 얼음이 모두 물로 상태가 변했으니 얼음과 물의 질량은 같겠죠. 상태가 변하더라도 분자의 배열만 달라질 뿐 분자가 없어지거나 새로 생기는 것이 아니므로 질량은 일정하게 보존된답니다.

얼음이 물로 융해할 때, 얼음을 이루는 분자들이 융해열을 흡수해 분자 배열이 달라지고, 분자 사이의 거리와 분자 사이에 작용하는 힘이 달라질 뿐 분자 자체가 변하는 것은 아니거든요. 결국 얼음이 주위의 열을 흡수하고 분자운동이 활발해져서 액체 상태인 물로 변하는 거예요.

이 상태에서 물이 기화열을 흡수해 분자운동이 더 활발해지면 물 분자 사이의 거리가 더욱 멀어지고, 기체 상태로 변해요. 물을 끓이면 물이 기화열을 흡수해 수증기가 되는 것이나, 더운 여름날 마당에 물을 뿌리면 물이 주변으로부터 열을 빼앗아 수증기로 증발하여 마당이 시원해지는 것도 기화 현상이에요. 물이 기화할 때도 분자 배열과 분자 사이의 거리, 분자 사이에 작용하는 힘이 달라질 뿐 분자는 변하지 않는답니다.

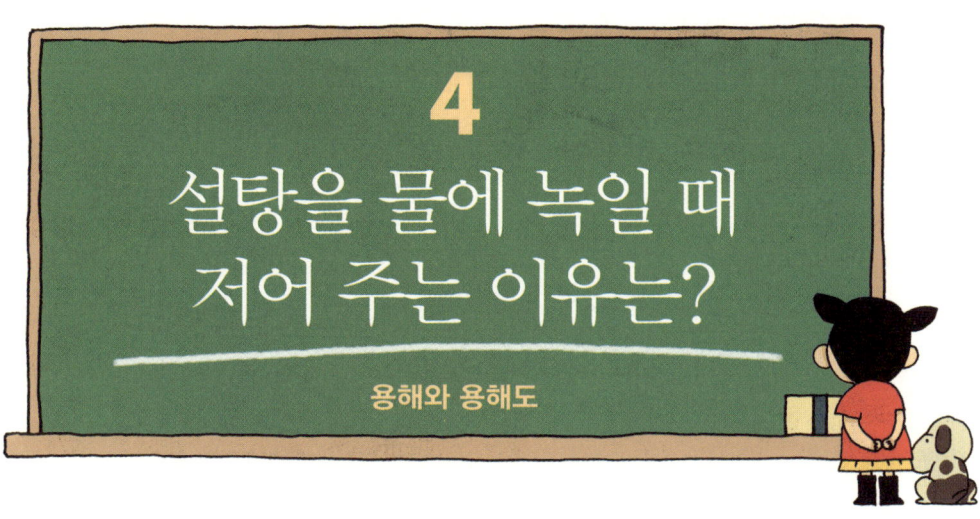

4
설탕을 물에 녹일 때 저어 주는 이유는?

용해와 용해도

    옛날에 꾀 많은 당나귀가 살고 있었어요. 당나귀 주인은 장날이 되자 당나귀 등에 소금 자루를 매달고 장으로 향했어요. 당나귀는 무거운 소금 자루를 낑낑거리며 지고 갔죠.

    장으로 가는 길에는 징검다리가 있었어요. 당나귀는 징검다리를 건너다가 그만 발을 헛디뎌 물에 빠지고 말았어요. 그런데 당나귀가 다시 땅으로 올라왔을 때는 등에 있던 소금 자루가 훨씬 가벼워져 있었어요. 당나귀는 깜짝 놀랐죠.

    장에 도착한 주인은 남은 소금을 팔아 솜을 샀어요. 당나귀는 이제 솜을 메고 다시 길을 나섰어요. 징검다리에 도착한 당나귀는 아까 물에 빠졌을 때 등에 실은 짐이 가벼워졌던 것이 생각났어요. 그래서 일부러 발을 헛디디고 물에 빠졌죠.

그런데 이게 웬일일까요? 당나귀는 더 무거운 짐을 들게 되고 말았어요. 소금 자루를 물에 빠뜨리면 물에 녹은 소금의 양만큼 자루가 가벼워지지만, 솜은 녹지 않고 물을 흡수해서 더 무거워진다는 사실을 당나귀는 몰랐던 거예요.

사람들은 물에 소금이나 설탕을 녹일 때, 물을 젓개로 휘휘 저어요. 소금이나 설탕을 녹일 때 왜 물을 저어 주는 것일까요?

설탕을 물에 녹일 때 젓개로 저어 주는 이유는 무엇 때문일까?

히히, 가벼워졌다.

① 설탕을 더 많이 녹일 수 있기 때문이다.

② 설탕을 더 빨리 녹일 수 있기 때문이다.

설탕을 물에 녹여 용액을 만들어요

설탕을 '녹인다.'라는 것이 무슨 의미일까요? 두 가지 뜻으로 해석할 수 있어요. 첫 번째는 고체 상태인 설탕을 냄비에 담고 가열해 액체 상태로 녹이는 거예요. 설탕이 고체에서 액체로 상태변화하는 '융해' 과정을 거치는 거죠. 융해는 다른 말로 '용융'이라고도 해요. 그리고 두 번째는 설탕을 물에 넣어 녹이는 '용해' 과정이에요. 한 가지 물질이 고체 상태에서 액체 상태로 변화하는 것이 융해고, 한

설탕의 융해

설탕의 용해

가지 물질이 다른 물질에 고루 섞이는 것이 용해랍니다.

용해 과정에서 물처럼 다른 물질을 녹이는 물질을 '용매'라고 하고, 설탕처럼 다른 물질에 녹는 물질을 '용질'이라고 해요. 용해의 결과, 한 물질이 다른 물질에 고르게 섞여 만들어진 것이 '용액'이고요. 설탕물, 소금물 등이 바로 용액이죠.

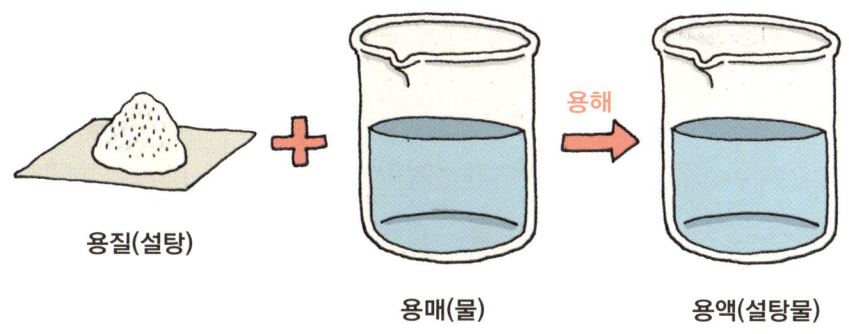

용질(설탕)   용매(물)   용액(설탕물)

물은 여러 가지 용질을 녹여 용액이 되는데, 물이 용매인 용액을 '수용액'이라고 해요. 물에 염화구리를 녹인 것을 염화구리 수용액, 물에 수산화나트륨을 녹인 것을 수산화나트륨 수용액이라고 하죠.

물에 소금을 녹이면 소금은 눈에 보이지 않아요. 그러면 소금은 어디로 간 것일까요? 소금물의 맛을 보면, 짠맛을 느낄 수 있어요. 물은 원래 아무 맛도 가지고 있지 않은 물질인데 소금물의 맛이 짠

것은 소금이 들어 있기 때문이에요. 물에 소금을 녹이면 소금이 사라지는 것이 아니라 우리 눈에 보이지 않을 만큼 아주 작은 크기가 되어 고루 섞이는 것이죠. 소금물을 가열하면 물은 수증기로 변해 공기 중으로 날아가고, 다시 하얀 소금만 남아요.

그런데 컵에 담긴 소금물의 맛을 보면 어느 부분에서 가장 짠맛이 날까요? 소금물의 아래쪽에서 가장 짠맛이 났다고요? 그건 아마 소금이 다 녹지 않고 바닥에 가라앉아 있었기 때문일 거예요.

용액은 거름종이로 걸렀을 때, 거름종이 위쪽에 남는 물질이 하나도 없어야 해요. 그러나 소금이 충분히 녹지 않고 바닥에 가라앉은 소금물은 거름종이로 거르면 소금이 남는답니다. 물에 소금을 적당량 넣어 충분히 녹인 소금물의 바닥에는 소금이 남지 않아요. 소금은 물에 녹아 골고루 퍼져 있기 때문에 소금물 맛은 위쪽이든 아래쪽이든 짠맛의 정도가 같아요. 이처럼 용질이 우리 눈에 보이지 않을 만큼 작은 입자 상태로 용매에 섞여 있는 것이 바로 용액이에요.

그러면 용질은 모든 종류의 용매에 잘 녹을까요? 소금을 참기름에 넣으면 어떻게 될까요?

물에 아주 잘 녹는 소금도 참기름에는 녹지 않아요. 용질이 용매에 녹아서 용액이 되려면, 용질과 용매 입자가 서로 끌어당기는 힘이 용질 입자들끼리 끌어당기는 힘이나 용매 입자들끼리 끌어당기는 힘보다 커야 해요.

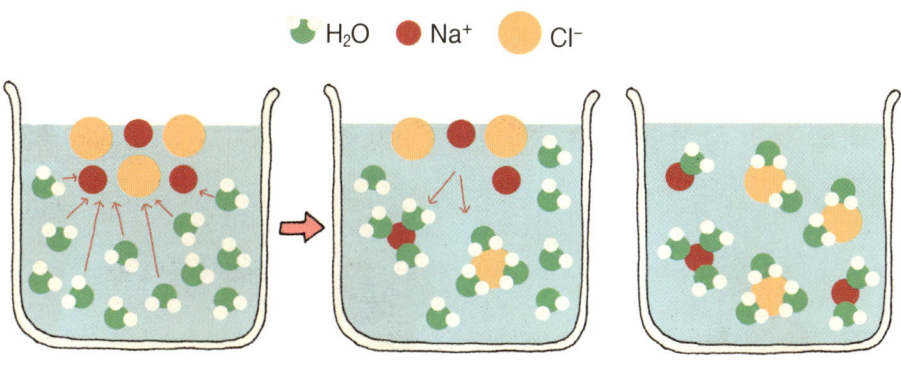

물은 부분적으로 전기를 띠는 극성 물질이에요. 그래서 풍선을 헝겊으로 문질러 전기를 띠게 한 다음, 가는 물줄기에 가까이 대면 물줄기가 풍선 쪽으로 휘는 것을 볼 수 있죠. 소금도 극성 물질이므로 물에 소금을 녹이면 (−)전기를 띠는 물 분자의 산소가 소금의 나트륨 이온(Na^+)을 둘러싸요. (+)전기를 띠는 물 분자의 수소는 소금의 염화 이온(Cl^-)을 둘러싸고요. 이처럼 용질인 소금과 용매인 물의 입자가 서로 잡아당겨서 고루 섞이는 거예요. 그러나 참기름은 극성 물질이 아니므로 참기름에는 소금이 용해되지 않는답니다.

용해 뒤에 질량과 부피는 어떻게 변할까?

물에 설탕을 녹이기 전과 녹인 뒤에는 어떤 변화가 있을까요? 물에 흰 설탕을 녹인 설탕물은 물처럼 색이 없고 투명하죠. 그러나 물에 흑설탕을 녹이면, 설탕물 색이 어둡게 변해요. 물에 파란색 황산구리를 녹인 황산구리 수용액의 색은 파랗고요. 이렇듯 무색인 물에 어떤 색 용질을 녹이느냐에 따라 수용액의 색이 달라져요. 그러면 물에 설탕을 녹이기 전과 녹인 뒤의 질량도 달라질까요?

물이나 설탕은 용해 과정에서 없어지거나 다른 물질로 변하지 않아요. 따라서 물 170g에 설탕 10g을 녹인 설탕물의 질량은 물과 설탕의 질량을 합한 180g이에요. 즉, 용해 전후에 질량의 변화는 없답니다.

그러면 물에 설탕을 녹이면 부피는 어떻게 변할까요? 물 100mL에 설탕 5mL를 녹이면 물 입자 사이로 설탕 입자가 들어가요. 그래서 물에 설탕을 녹여도 부피는 거의 늘지 않는답니다. 콩과 좁쌀을 섞을 때 좁쌀이 콩 사이로 들어가 전체 부피가 줄어드는 걸 떠올리면 이해하기 쉽죠?

용액의 농도

어떤 물질이 뜨거운 정도는 물이 어는 온도인 0℃와 물이 끓는 온도인 100℃를 100등분해 나타낸 섭씨온도(℃)로 표시해요. 그러면 용액의 묽고 진한 정도인 농도는 어떻게 표시할 수 있을까요? 용질의 양으로 표시할 수 있을까요?

파란 통에 담긴 설탕물에는 설탕이 10g 들었고, 빨간 통에 담긴 설탕물에는 설탕이 20g 들었다고 생각해 보세요. 그렇다면 어떤 통에 담긴 설탕물이 더 달콤할까요? 빨간 통에 설탕이 더 많이 들어 있으므로 빨간 통에 담긴 설탕물이 더 달콤할까요?

빨간 통과 파란 통에 물이 얼마나 담겼는지 모르기 때문에 용질의 양만으로는 설탕물의 농도를 표시할 수 없어요. 물 어느 만큼에 설탕이 어느 정도 들어가 있는지 나타내야 설탕물의 농도를 정확하게 알 수 있죠.

농도를 나타내는 방법 가운데 많이 사용되는 것으로 퍼센트 농도(%)가 있어요. 퍼센트 농도는 아래와 같은 식으로 구할 수 있는데, 결국 용액 100g 가운데 들어 있는 용질의 g수를 뜻해요.

$$농도(\%) = \frac{용질의\ 질량}{용액의\ 질량} \times 100 = \frac{용질의\ 질량}{용질의\ 질량 + 용매의\ 질량}$$

예를 들어 물 96g에 설탕 4g을 녹인 설탕물의 농도는 아래처럼 계산할 수 있어요.

$$농도(\%) = \frac{4}{96 + 4} \times 100 = 4(\%)$$

용해도란 무엇일까?

물에 소금을 넣으면 녹아서 우리 눈에 보이지 않게 돼요. 물 한 컵에 소금을 한 숟가락씩 넣으면서 저으면 어느 순간 소금이 더 이상 녹지 않고 바닥에 가라앉는 것을 볼 수 있죠. 그러면 물의 양이 같을 때, 소금과 설탕을 같은 양으로 녹이면 어느 것이 더 많이 녹을까요?

컵을 두 개 준비하고 물을 똑같이 넣어 주세요. 한 컵에는 설탕을, 다른 컵에는 소금을 한 숟가락씩 넣으면서 저어 보세요. 물의 양이 같을 때는 설탕이 더 많이 녹을 거예요. 정말 신기하죠? 소금과 설탕뿐만 아니라 여러 고체 물질들이 물 일정량에 최대한 녹을 수 있는 양이 달라요.

용매 100g에 최대로 녹을 수 있는 용질의 g 수를 '용해도'라고 해요. 용해도는 물질의 종류에 따라 달라요. 그래서 용해도는 물질의 고유한 특성이에요. 결국 어떤 물질의 용해도는 용질이 용매에 녹을 수 있는 양이에요. 만약 용해도보다 더 많은 양의 용질을 물에 넣는다면, 용질은 용해되지 못하고 바닥에 가라앉을 거예요.

그러면 처음에 나왔던 문제를 생각해 볼까요? 설탕을 물에 녹일 때 젓개로 저어 주는 이유는 무엇일까요? 설탕이 더 많이 녹기 때문일까요? 아니에요. 설탕이 물에 녹을 수 있는 양은 설탕의 용해도를 넘지 않아요. 다만, 설탕을 물에 녹일 때 저어 주면 설탕과 물이 골고루 섞여서 더 빨리 녹일 수 있죠.

설탕물을 젓개로 젓는 방법 말고도 설탕을 물에 빨리 녹이는 방법이 있어요. 바로 설탕의 크기를 작게 만들면 돼요. 같은 양의 각설탕과 설탕 가루를 각각 물에 녹이면, 설탕 가루가 각설탕보다 물과 접촉하는 면적이 훨씬 넓으므로 더 빨리 녹을 수 있거든요.

예를 들어 한 변의 길이가 2cm인 각설탕이 있을 때 한 면의 면적은 2×2, 즉 $4cm^2$예요. 각설탕은 면이 6개이니까 각설탕 전체의 표면적은 4×6, 즉 $24cm^2$이고요. 부피는 가로와 세로와 높이를 곱한 값이니 이 각설탕의 부피는 $8cm^3$이네요.

이 각설탕을 한 변이 1cm인 각설탕으로 나누면 부피가 $1cm^3$인 설탕 조각 8개가 생겨요. 이 작은 설탕 조각 한 면의 면적은 $1cm^2$이고, 전체 표면적은 1×6, 즉 $6cm^2$이므로 설탕 조각 8개의 표면적은 $48cm^2$예요. 따라서 설탕의 크기가 작아질수록 전체 표면적이 넓어진다는 것을 알 수 있어요.

같은 양의 설탕을 녹일 경우, 각설탕보다는 설탕 가루의 표면적이 더 넓죠? 설탕이 물에 녹으려면 물과 접촉해 물에 잘 섞여야 하는데, 설탕의 표면적이 넓을수록 물과 접촉하는 면적도 넓어지므로 설탕 가루가 물에 더 빨리 녹을 수 있는 것이랍니다.

그러면 물의 양이 같을 때, 설탕이 녹는 양은 물의 온도에 따라 차이가 있을까요?

설탕이 물에 녹는 것은 설탕과 물이 골고루 섞이는 거예요. 물의 온도가 높을수록 물 분자가 더 활발하게 운동해서 물 분자 사이에 설탕이 고루 섞일 수 있죠. 따라서 설탕은 뜨거운 물에 더 많이 녹는답니다.

고체 물질의 용해도는 용매 온도에 따라 달라져요. 90쪽 그림은 물 100g에 대한 고체 물질의 용해도를 나타낸 그래프예요. 그래프

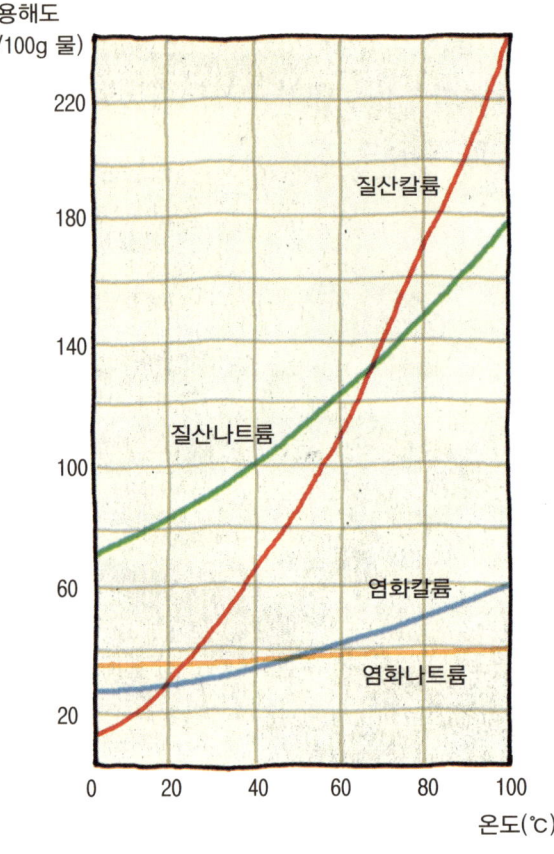

에 나타낸 곡선을 '용해도곡선'이라고 해요. 용해도곡선의 기울기가 큰 것은 온도에 따라 물질의 용해도가 변하는 정도가 크다는 것을 의미해요. 용해도곡선의 기울기가 작은 것은 물질의 용해도가 온도 변화에 크게 영향을 받지 않는 것을 뜻하고요.

온도에 따라 용해도 차이가 큰 것은 질산칼륨이고, 용해도 차이가 작은 것은 염화나트륨이네요.

용해도는 용매 100g에 최대로 녹을 수 있는 용질의 양이라고 했어요. 어떤 용액에 용질이 용해도만큼 녹아 있는 용액을 '포화용액'이라고 해요. 그리고 용질이 용해도보다 적은 양으로 녹아 있는 용액을 '불포화용액'이라고 해요. 따라서 불포화용액에는 용질이 더 녹을 수 있죠. 또 어떤 온도에서 용해도보다 용질이 더 많이 녹아 있는 용액을 '과포화용액'이라고 하고요.

　포화용액을 매우 천천히 냉각시키거나, 포화용액의 용매를 아주 천천히 증발시키면 과포화용액을 만들 수 있어요. 포화용액을 냉각시키면 온도가 낮아져요. 고체의 용해도는 온도가 낮아질수록 작아지는 경향이 있어서 포화용액을 냉각시키면 용해도가 작아져요. 그러나 포화용액을 매우 천천히 냉각시켰으므로 고체 용질이 용액에 그대로 녹아 있을 수 있는데, 이 상태의 용액이 바로 과포화용액이에요.

　또 용매를 매우 천천히 증발시키면, 용매의 양이 줄어들므로 전체 용매에 녹을 수 있는 용질의 양인 용해도가 작아져요. 그러나 용매를 매우 천천히 증발시켰으므로 고체 용질이 용액 속에 그대로 녹아 있을 수 있어요. 이 상태의 용액도 과포화용액이에요. 과포화용액은 매우 불안정하기 때문에 약간 충격을 주거나 이물질을 넣으면 용질이 용해되지 못하고 고체 상태로 분리돼 나온답니다.

　특정한 온도에서 어떤 용액에 들어 있는 용질의 양을 좌표 평면에 점으로 표시했을 때, 점이 용해도곡선에 있으면 그 용액은 포화용

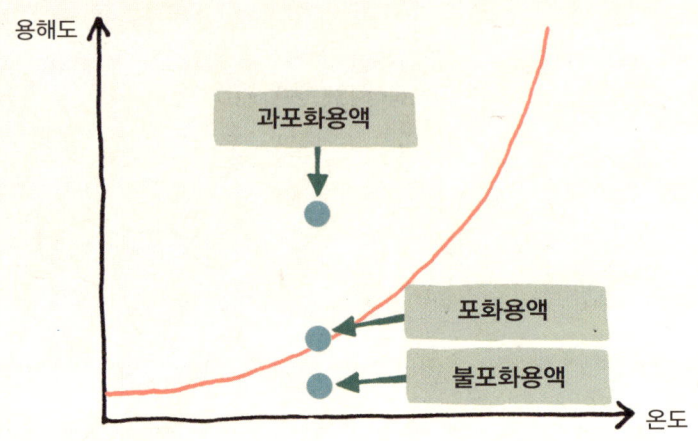

액이고, 용해도곡선보다 아래쪽에 있으면 불포화용액이에요. 점이 용해도곡선보다 위쪽에 있으면 과포화용액이고요. 그러면 포화용액의 농도는 얼마일까요? '포화'란 꽉 들어찼다는 뜻이므로 100%일까요?

질산칼륨을 물에 녹여 포화용액이 되었을 때 퍼센트 농도를 구해 보기로 해요. 먼저 90쪽 그래프를 보면 온도가 20℃일 때 질산칼륨의 용해도는 32g이므로 물 100g에 질산칼륨 32g을 녹이면 포화용액이 돼요.

$$농도(\%) = \frac{32}{132} \times 100 = 약\ 24\%$$

온도가 80℃일 때 질산칼륨의 용해도는 169g이므로 물 100g에 질산칼륨 169g을 녹이면 포화용액이 되죠.

$$농도(\%) = \frac{169}{269} \times 100 = 약\ 63\%$$

온도가 20℃일 때 질산칼륨 포화용액의 농도는 약 24%, 온도가 80℃일 때 질산칼륨 포화용액의 농도는 약 63%네요. 이제 포화용액의 퍼센트 농도는 100%가 아니라는 것을 알 수 있겠죠?

기체의 용해도

물에는 소금이나 설탕 같은 고체 물질뿐만 아니라 기체도 녹을 수 있어요. 사이다나 콜라 같은 탄산음료에는 이산화탄소 기체가 녹아 있죠. 그럼 주사기 안에 콜라를 넣고 피스톤을 세게 누르면, 주사기 안에는 어떤 변화가 생길까요?

콜라 병의 뚜껑을 열면 이산화탄소 기체가 위로 올라오는 것을 볼 수 있어요. 뚜껑이 닫혀 있을 때는 병 안쪽의 압력이 커서 이산화탄소 기체가 콜라 안에 녹아 있다가, 뚜껑을 열면 압력이 작아지므로

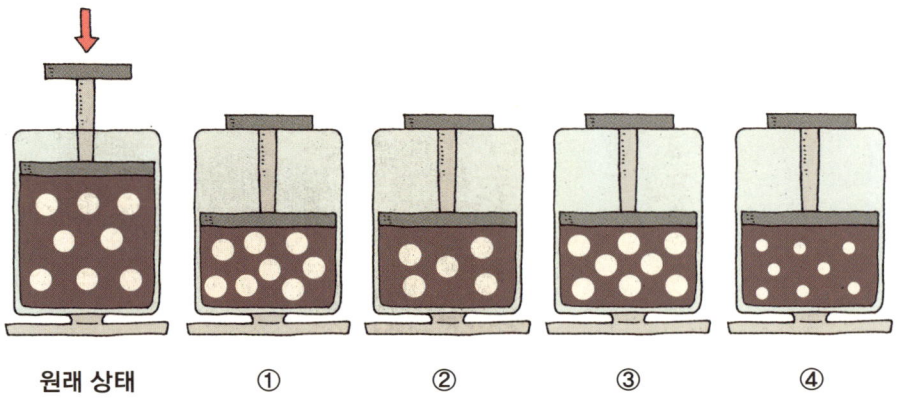

원래 상태　　①　　②　　③　　④

이산화탄소 기체가 밖으로 나오는 거예요. 위의 그림 가운데 주사기 안에 콜라를 넣고 피스톤을 눌렀을 때 이산화탄소 기체의 모습을 옳게 표현한 것은 무엇일까요?

주사기 안에 콜라를 넣고 피스톤을 누르면, 압력이 커져서 콜라

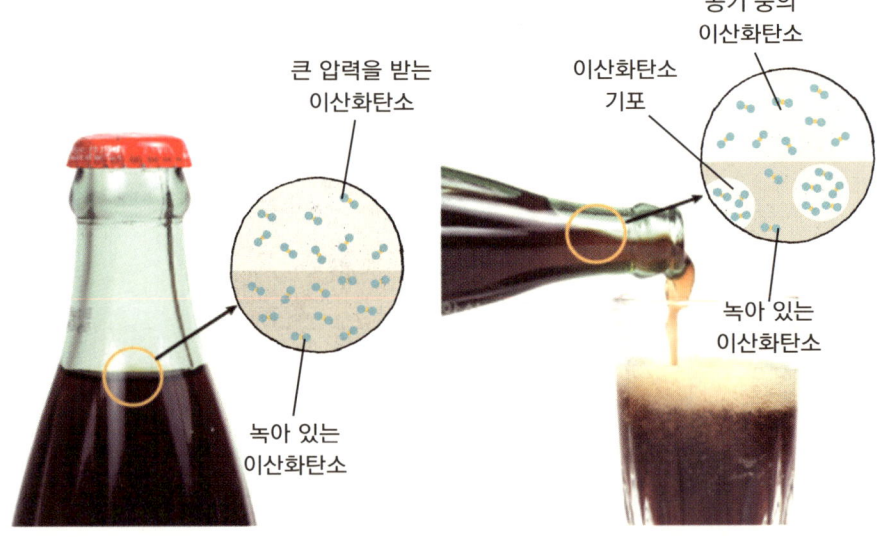

에 이산화탄소 기체가 더 많이 녹으므로 ②번 그림처럼 기포의 수가 줄어요. 반대로 피스톤을 당겨 압력을 낮추면 기포의 수가 많아지겠죠?

그러면 콜라에서 나오는 기포 수는 온도에 따라 어떻게 달라질까요? 방금 뚜껑을 연 콜라를 시험관 세 개에 담고, 시험관을 얼음물과 실온의 물, 더운 물에 담가 어떤 시험관에서 기포가 가장 많이 생길지 알아보기로 해요.

온도가 높아지면 기체 분자의 운동이 활발해진다고 했죠? 주위 온도가 높을수록 콜라에 녹아 있던 이산화탄소 기체가 활발하게 운동해서 빠져나올 거예요. 그래서 뜨거운 물에 담긴 시험관에서 기포가 가장 많이 생겨요.

이제 이산화탄소 기체는 온도가 낮을수록, 압력이 클수록 물에 더 많이 녹는다는 사실을 알 수 있겠죠? 그래서 기체의 용해도를 나타낼 때에는 반드시 온도와 압력을 함께 표시한답니다.

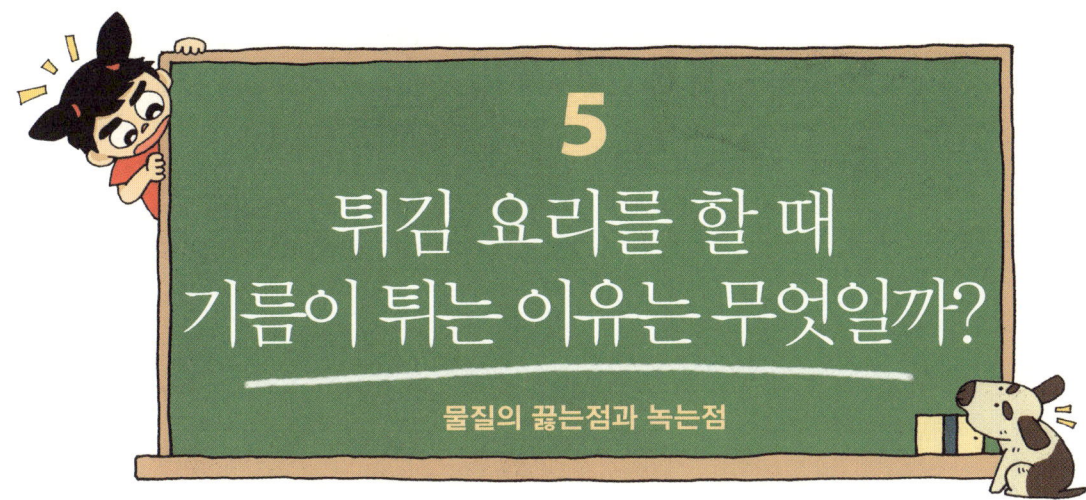

5
튀김 요리를 할 때 기름이 튀는 이유는 무엇일까?

물질의 끓는점과 녹는점

소윤이는 오늘 아빠와 함께 튀김 요리를 만들기로 했어요. 소윤이와 아빠는 먼저 튀김용 팬에 기름을 붓고 가열했어요. 그리고 적당한 크기로 썬 고구마와 새우에 밀가루와 계란으로 만든 튀김옷을 입혔어요.

소윤이는 튀김옷을 입힌 고구마를 뜨거운 기름에 하나씩 넣었어요. 고구마튀김 주위에 투명한 기체 방울이 생기고, 고구마튀김은 지글지글 소리를 내며 노릇노릇 익어 갔어요. 아빠는 고구마튀김을 잠시 식혔다가 한 번 더 튀기라고 하셨는데, 그래야 튀김이 더 바삭해지기 때문이래요.

어느새 소윤이가 만든 고구마튀김이 접시에 수북이 쌓였고, 이번에는 소윤이 아빠가 새우튀김을 만들 차례가 됐어요. 그런데 아빠가 뜨거운 기름에 새우를 넣자마자, 그만 기름이 튀었어요.

"앗, 뜨거워!"

"아빠, 조심하세요!"

다행히 소윤이와 아빠는 많이 데이지 않았지만, 정말 깜짝 놀랐어요. 새우처럼 물기가 있는 재료로 튀김을 만들 때는 항상 조심해야 해요. 기름이 튀기 쉽거든요. 그런데 튀김 요리를 할 때 기름이 튀는 이유는 무엇 때문일까요?

물기가 있는 재료로 튀김을 만들 때 왜 기름이 튀는 걸까?

오늘은 나도 요리사.

① 기름이 끓어서 튀어 오르는 것이다.

② 물이 수증기가 되어 공기 중으로 나올 때 기름이 함께 튀는 것이다.

물이 끓으면 어떻게 될까?

주전자에 물을 넣고 끓였더니 보글보글 소리가 났어요. 뚜껑을 열어 보니 물속에 크고 작은 기체 방울이 있네요. 물이 끓을 때 주전자 바닥에 생기는 기체 방울은 무엇일까요?

물이 기체로 변한 것을 '수증기'라고 해요. 수증기에서 '수(水)'는 물을, '증(蒸)'은 가열을, '기(氣)'는 기체를 의미해요. 즉, 수증기란 물을 가열해 생긴 기체라는 뜻이에요. 수증기를 이루는 물 분자들은 매우 작아서 우리 눈에 보이지 않아요.

물을 끓이면 수증기 상태로 변하는데, 물이 끓을 때는 표면뿐만 아니라 물속에서도 기화가 일어나요. 물속에서 기화한 기체 방울이 우리 눈에 보이는 것이죠. 그런데 물이 끓지 않을 때도 물의 표면에서는 계속 기화가 일어나요.

이런 현상을 '증발'이라고 하는데, 증발은 액체 표면에서 입자가 공기 중으로 튀어나와 기체가 되는 과정이에요. 증발과 끓음은 둘 다 액체가 기체로 상태변화하는 기화이지만, 증발은 액체 표면에서만 기화가 일어나는 현상이고, 끓음은 액체 표면에서뿐만 아니라 내부에서도 기화하는 현상이에요.

물의 끓는점

차가운 물을 가열하면서 온도를 재 보면 물의 온도가 점점 높아져요. 찬물은 점점 따뜻해지다가 일정한 시간이 지나면 보글보글 끓죠. 물이 끓을 때 온도는 어떻게 변할까요? 단, 주위의 기압이 1기압으로 일정하다고 가정하고 생각해 보세요. 기압이 달라지면 물이 끓기 시작하는 온도가 달라지니까요.

온도가 높아진다는 것은 물 분자들의 평균 운동 에너지가 커진다는 것을 뜻해요. 즉, 물을 가열하면 물 분자들이 열에너지를 흡수해 더욱 활발하게 운동하죠. 그런데 왜 물이 끓는 온도인 100℃ 근처에서는 온도가 더 이상 높아지지 않고 일정하게 유지될까요?

　물이 끓는 동안에는 물을 계속 가열해도 온도가 일정하게 유지되는데, 이때 온도를 '끓는점'이라고 해요. 끓는점 부근에서 물의 온도가 더 이상 올라가지 않고 일정한 이유는 외부에서 공급한 열에너지를 물이 수증기로 상태변화하는 데 쓰기 때문이에요.

　온도가 높아지면 물 분자들이 열에너지를 이용해 멀리 이동해서 분자 사이의 거리가 멀어지고, 분자들이 서로 끌어당기는 힘은 작아져요. 결국 물은 수증기로 상태변화하죠. 끓는점에서는 기화가 계속 일어나므로 물은 액체 상태이면서 기체 상태이기도 해요. 끓는점에서 물질이 기화할 때 흡수하는 열이 바로 기화열이에요.

그럼 물의 양이 같을 때 더 강한 화력으로 가열하거나, 불의 세기가 같을 때 물의 양을 줄인 뒤 가열하면 끓는점이 높아질까요?

끓는점은 불의 세기와 관계없이 일정해요. 다만 강한 불로 가열할 때 물이 끓기까지 걸리는 시간이 더 짧을 뿐이죠. 또 물이 끓는 온도는 물의 양과도 관계가 없어요. 물의 양이 적을 때 끓기까지 걸리는 시간이 짧을 뿐이에요. 즉, 순수한 액체 물질의 끓는점은 액체 양이나 화력 세기에 관계없이 일정하답니다.

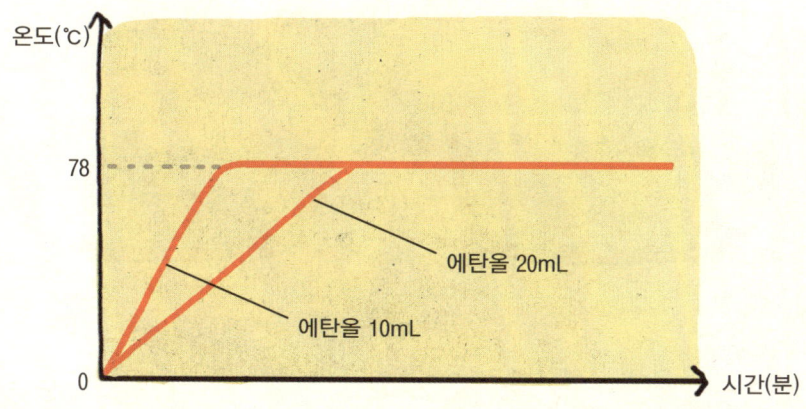

위 그래프는 에탄올 10mL과 20mL를 같은 화력으로 가열했을 때 온도 변화를 나타낸 거예요. 에탄올 10mL이 먼저 끓지만, 끓는점은 모두 78℃로 같다는 것을 알 수 있죠?

물의 끓는점은 항상 100℃일까?

우리는 물의 끓는점이 100℃라는 것을 절대 변하지 않는 진리처럼 믿고 있어요. 그런데 이는 주위 기압이 1기압일 때 측정한 물의 끓는점일 뿐이에요. 주위 기압이 1기압일 때 끓는점을 '기준 끓는점'이라고 하는데, 물의 끓는점은 기압에 따라 변해요. 그러면 물의 끓는점은 주위 기압에 따라 어떻게 변할까요?

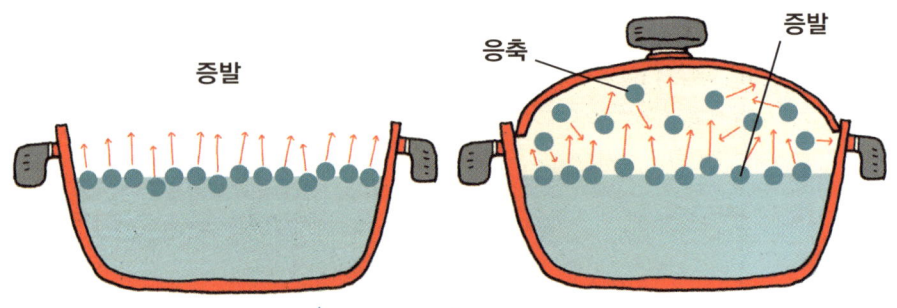

'증발'은 분자 사이에 작용하는 인력을 이기고 액체가 표면에서 기체로 상태변화하는 현상이에요. 그런데 액체가 기체로 상태변화하는 동안 기체도 다시 액체로 상태변화하고 있어요. 기체가 열에너지를 잃고 액체로 변하는 현상은 '응축'이에요. 증발과 응축은 진행 방향이 반대인 상태변화예요.

증발과 응축은 동시에 일어나지만 속도 차이에 따라 물의 양이 줄어드는 것처럼 보이기도 하고, 많아지는 것처럼 보이기도 하는 거예요. 예를 들어 젖은 빨래가 바짝 마르는 것은 빨래 표면에서 증발이 응축보다 더 빨리 일어났기 때문이에요.

이와 반대로 장마철에 옷이 눅눅해지는 것은 옷 표면에서 응축이 증발보다 더 빨리 일어났기 때문이고요. 두 현상을 비교해 더 빨리 일어나는 것을 들어 젖은 빨래에서는 증발이, 장마철 옷 표면에서는 응축이 일어난다고 표현하는 것이죠. 그러나 증발과 응축은 동시에 일어나는 현상이랍니다.

증발 속도와 응축 속도가 같을 때, 기체 상태의 증기가 나타내는 압력을 '증기압'이라고 해요. 액체가 끓기 전에는 증기압이 외부 압력인 대기압보다 작지만, 액체를 계속 가열하면 증기압이 점점 커져서 결국 대기압과 같아져요. 이때 액체의 표면뿐만 아니라 내부에서도 기화 현상이 일어나요. 즉, 증기압과 대기압이 같을 때 액체가 끓기 시작하는 거예요.

액체가 끓으면 액체 내부에서 액체가 기체로 변한 모습을 볼 수 있어요. 물이 끓으면 물속에 보이는 동그란 기체 방울이 바로 수증기라고 했죠?

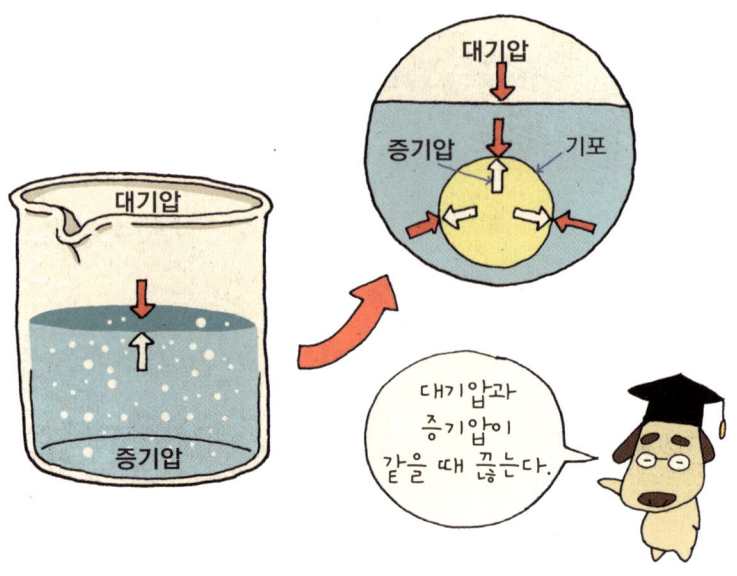

　물이 끓을 때는 대기압과 증기압의 크기가 같으므로, 대기압이 커지면 증기압도 커져야 물이 끓을 수 있어요. 이때 물이 열에너지를 더 많이 흡수해야 증기압이 커질 수 있어요. 따라서 외부 압력이 커지면 물의 끓는점은 100℃보다 높아지죠. 반대로 대기압이 작아지면 증기압이 작을 때도 물이 끓을 수 있으므로 끓는점이 100℃보다 낮아지고요.

　이런 원리로 압력솥에 밥을 하면 밥이 더욱 맛있는 이유를 설명해 볼까요? 압력솥에 쌀과 물을 넣고 뚜껑을 꼭 닫아 가열하면, 물이 끓어서 생긴 수증기가 압력솥 바깥으로 빠져나오지 못해요. 따라서 압력솥 안에서는 기압이 커지므로 물의 끓는점이 높아지죠. 결국 압력솥에 든 쌀은 100℃보다 훨씬 높은 온도에서 익기 때문에 압력솥에서 밥을 하면 잘 익은 맛있는 밥을 지을 수 있는 것이랍니다.

반대로 높은 산에서 밥을 지으면 쌀이 설익어요. 높이 올라갈수록 기압이 작아져서 물의 끓는점이 낮아지기 때문이죠. 실제로 에베레스트산 꼭대기에서는 대기압이 0.3기압까지 작아져서 물이 약 70℃ 정도에서 끓는다고 해요.

물의 끓는점에 대해 또 다른 예를 들어 볼까요? 둥근 플라스크에 물을 넣고 80℃ 정도로 가열한 다음, 고무마개를 막고 뒤집어요. 그리고 플라스크에 찬물을 부으면 플라스크 안에 있는 물이 갑자기 끓

어오르는 것을 볼 수 있어요.

플라스크 안에는 우리 눈에 보이지 않는 많은 기체가 들어 있어요. 그 가운데 수증기는 주위 온도가 낮아지면 열에너지를 잃고 액체 상태로 변해요. 그러면 플라스크 안에 있는 기체 분자 수가 줄어드니까 기체의 압력인 기압이 작아지겠죠? 그래서 물은 100℃보다 낮은 온도인 80℃에서도 끓을 수 있는 것이랍니다.

여러 가지 물질의 끓는점

물이 아닌 다른 물질의 끓는점은 몇 ℃일까요? 모든 물질의 끓는점은 달라요. 물질마다 분자가 서로 끌어당기는 힘이 다르기 때문이에요. 그래서 끓는점은 물질의 고유한 특성이죠.

예를 들어 철의 끓는점은 2750℃, 염화나트륨의 끓는점은 1413℃예요. 정말 높은 온도에서 끓죠? 그런가 하면 수소의 끓는점은 -253℃, 질소의 끓는점은 -196℃로 수소나 질소는 매우 낮은 온도에서만 액체 상태로 만들 수 있어요.

그럼 상온인 25℃에서 기체 상태인 물질은 어떤 특징을 가질까요? 수소, 질소, 산소, 부탄 등의 물질은 모두 끓는점이 상온보다 낮아요. 그래서 상온에서는 이미 끓어 기체 상태인 거예요.

가정용 도시 가스로 쓰이는 LNG(액화천연가스)는 기체 상태로 공급돼요. LNG의 90% 이상을 차지하는 물질인 메탄은 끓는점이 -161.5℃로 매우 낮아서 액체로 만들기 어렵거든요. 하지만 차량용 혹은 공업용으로 사용되는 LPG(액화석유가스)는 LNG와 달리 액체 상태로 공급돼요. LPG의 주성분인 프로판과 부탄은 끓는점이 비교적 높아서 소형 압력 용기에 액체 상태로 충전해서 사용할 수 있기 때문이죠.

원유는 탄화수소 화합물의 혼합물이에요. 물질의 끓는점 차이를 이용해 원유를 가솔린, 나프타, 등유, 디젤유, 중유, 윤활유 등으로 분리시켜 사용할 수 있어요. 아래 표는 여러 가지 물질의 끓는 점을 나타낸 거예요.

물질	철	염화나트륨	수은	나프탈렌	물
끓는점(℃)	2750	1413	357	218	100

물질	벤젠	에탄올	메탄올	부탄	산소	질소	수소
끓는점(℃)	80	78	65	-0.5	-183	-196	-253

튀김 요리를 할 때 기름이 튀는 이유

자, 이제 튀김 요리를 할 때 기름이 튀는 이유를 알아볼게요. 튀김을 만들 때 가열된 기름 온도는 물의 끓는점인 100℃보다 훨씬 높아요. 그래서 끓는 기름에 물기가 있는 튀김 재료를 넣으면, 튀김 재료의 물이 주위 열을 흡수해 기화하죠. 이렇게 물이 기화해 생성된 수증기가 기름을 뚫고 공기 중으로 튀어나올 때 기름이 함께 튀어 오르는 것이랍니다. 그래서 물기가 있는 재료로 튀김 요리를 할 때는 튀김용 팬 위에 기름을 잘 흡수할 수 있는 종이를 덮기도 하죠.

튀김을 만들 때 쓸 수 있는 기름에는 올리브유, 콩기름, 포도씨유, 카놀라유 등 여러 가지가 있어요. 여러 가지 기름은 그 성분이 다르므로 기름을 가열할 때 기름 표면에서 연기가 발생하는 온도인 발연점도 달라요.

정제한 올리브유는 발연점이 170~190℃ 정도이고, 콩기름은 200℃ 정도, 포도씨유는 230℃ 정도, 카놀라유는 240℃ 정도예요. 이들 기름을 가열하면 화학변화를 일으켜 트랜스지방산처럼 몸에 좋지 않은 유해 물질을 많이 만들어 내기 때문에, 될 수 있으면 튀김 음식을 적게 먹는 것이 좋답니다.

액체를 가열했다가 냉각시키면?

액체를 가열해 기체로 변화시켰다가 다시 냉각시키면 어떻게 될까요? 아래 그래프는 가지 달린 둥근 바닥 플라스크에 에탄올을 조금 넣고 가열하다가 냉각시키면서 측정한 온도를 나타낸 거예요.

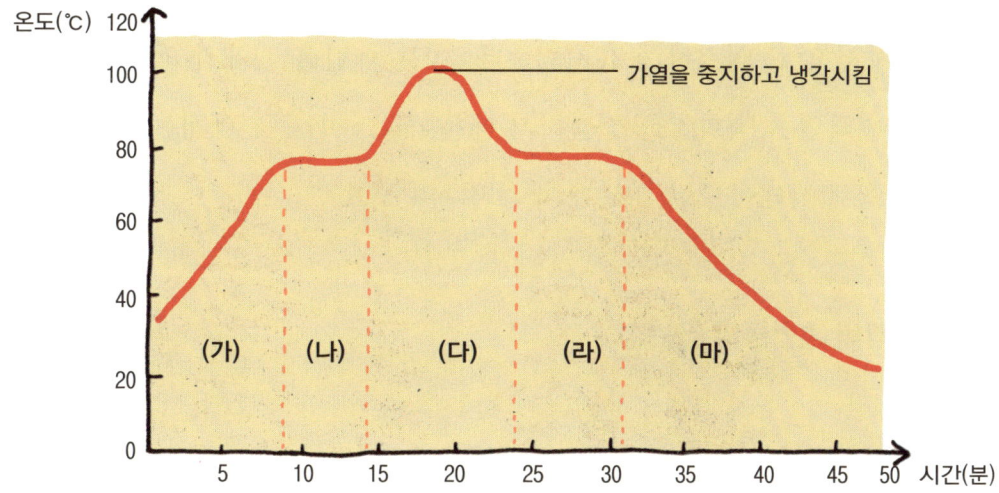

(가) 구간에서는 에탄올이 액체 상태예요. 액체 상태의 에탄올을 가열하면 온도가 점점 높아져요. (나) 구간에서는 계속 가열하고 있는데도 에탄올 온도가 올라가지 않고 일정하네요. 공급한 열에너지를 액체에서 기체로 상태변화하는 데 사용하기 때문이에요. 이때

온도가 바로 끓는점인데, 끓는점에서는 에탄올이 액체와 기체 상태로 공존해요.

(다) 구간에서는 에탄올이 기체 상태인데, 18분이 될 때까지 가열하였으므로 온도가 계속 올라가다가, 18분이 지났을 때 가열을 멈추고 냉각시켰으므로 온도가 다시 내려가요.

(라) 구간에서는 열을 공급해 주지 않았는데도 온도가 더 이상 떨어지지 않고 일정하게 유지되는데, 이는 에탄올 기체가 액체 상태로 변하면서 액화열을 방출하기 때문이죠. (마) 구간에서는 에탄올이 액체 상태이므로 온도가 계속 떨어지고요.

액체 혼합물의 끓는점

물은 다른 고체 물질을 잘 녹일 수도 있지만, 기름을 제외한 다른 액체와 잘 섞이는 성질이 있어요. 그렇다면 끓는점이 100℃인 물과 끓는점이 78℃인 에탄올을 1:1 비율로 섞은 뒤 가열하면 몇 ℃에서 끓을까요?

물과 에탄올을 섞은 용액에는 물과 에탄올이 다른 물질로 변하지 않고 그대로 들어 있어요. 오른쪽 그래프는 물과 에탄올의 혼합물

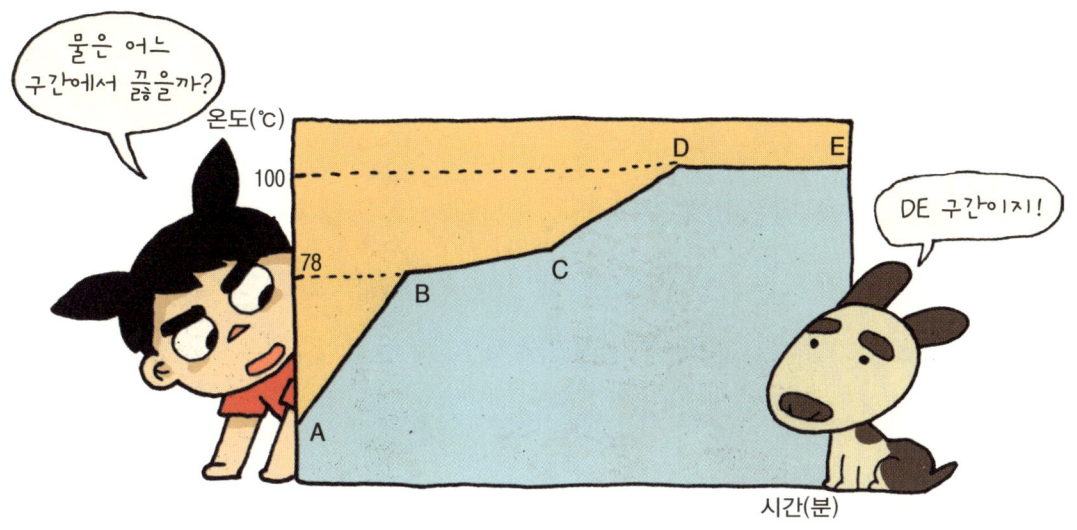

을 가열하면서 측정한 온도를 나타낸 거예요.

AB 구간에서는 온도가 빠르게 올라가고 있어요. 그리고 BC 구간에서는 계속 가열하는데도 온도가 서서히 올라가요. 바로 BC 구간이 에탄올의 끓는점 부근이기 때문이죠.

BC 구간에서는 에탄올이 끓어 나와요. 순수한 에탄올을 끓이면 끓는점에서 온도가 일정한데, 물과 에탄올이 섞여 있기 때문에 끓는 동안 온도가 조금씩 올라가는 거예요. 그리고 DE 구간에서는 에탄올이 모두 끓어 나가고 물만 남아 끓고 있기 때문에 끓는점이 100℃로 일정한 것이랍니다.

물의 어는점은 일정하다

　지금부터는 물을 얼려 고체인 얼음으로 만드는 과정에 대해 알아볼게요. 물을 냉동실에 넣어 냉각시키면서 온도를 측정하면, 온도가 계속 낮아져요. 그런데 물이 얼어서 고체 상태인 얼음으로 변하는 온도인 0℃에서는 아래 그래프에서 보는 것처럼 그 온도가 변하지 않아요. 이때 온도를 '어는점'이라고 해요.

　어는점에서 온도가 일정하게 유지되는 이유는 액체 상태의 물이 고체 상태로 변화하면서 열을 방출하기 때문이에요. 액체가 고체로 상태변화하는 것이 응고이고, 이때 방출하는 열이 응고열이라는 사실을 기억하죠? 물이 얼음으로 모두 상태변화하고 나서도 물을 계속 냉각시키면 얼음 온도는 다시 내려가요.

그러면 한 가지 문제를 내 볼게요. 크기가 다른 그릇 두 개에 물을 가득 담고 얼린다면, 큰 그릇에 든 물의 어는점과 작은 그릇에 든 물의 어는점에는 차이가 있을까요?

어는점은 물의 양에 따라 달라지지 않아요. 다만 물의 양이 많을수록 물이 얼음으로 변하는 데 시간이 오래 걸릴 뿐이죠. 물질의 종류가 같으면 어는점도 같아요. 따라서 어는점 역시 끓는점처럼 물질의 고유한 특성이랍니다.

고체를 가열했다가 냉각시키면?

아래 그래프는 고체 상태의 파라디클로로벤젠을 가열한 뒤 다시 냉각시킬 때 온도 변화를 나타낸 거예요.

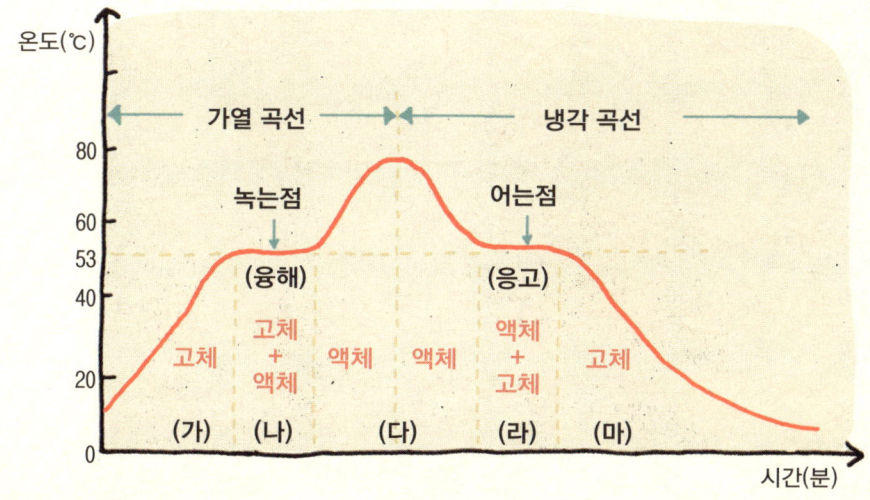

(가) 구간에서는 온도가 계속 올라가고 있어요. (가) 구간에서 파라디클로로벤젠은 고체 상태예요. (나) 구간에서는 가열을 멈추지 않았는데도 온도가 더 이상 올라가지 않아요. 파라디클로로벤젠이 고체에서 액체로 상태변화하는 데 열에너지가 이용되기 때문이에요. 그래서 (나) 구간에서는 파라디클로로벤젠이 일부는 고체 상태, 일부는 액체 상태로 존재해요. 바로 이때 온도를 녹는점이라고 하죠.

(다) 구간에서 파라디클로로벤젠은 액체 상태인데, 가열하였으므로 온도가 계속 올라가다가 가열을 멈추고 냉각시키면 온도가 다시 내려가요. 그리고 (라) 구간에서는 열을 공급해 주지 않았는데도 온도가 더 이상 떨어지지 않고 일정하게 유지되고 있어요. 이는 파라디클로로벤젠 액체가 고체 상태로 변하면서 응고열을 방출하기 때문이에요. 이때 온도가 어는점이에요. 그리고 (마) 구간에서는 다시 고체 상태예요.

이 그래프를 통해 파라디클로로벤젠의 녹는점과 어는점이 같다는 사실을 알 수 있죠? 종류가 같은 물질의 어는점과 녹는점은 항상 같다는 사실을 기억하세요.

물질의 녹는점과 어는점

순수한 물질은 융해가 일어나는 온도인 녹는점과 응고가 일어나는 온도인 어는점이 같아요. 즉 응고나 융해가 일어나는 동안 물질의 일부는 액체 상태이고, 일부는 고체 상태예요. 고체 상태에서 액체 상태로 변할 때는 '녹고 있다.'라고 하고, 액체 상태에서 고체 상태로 변할 때는 '얼고 있다.'라고 표현하죠.

어떤 물질의 어는점 혹은 녹는점은 끓는점과 마찬가지로 물질 종

류에 따라 달라요. 그래서 녹는점과 어는점 역시 물질을 구별하는 특성이죠. 그러면 물질마다 녹는점이나 어는점이 다른 이유는 무엇일까요?

물질을 이루는 입자들이 서로 끌어당기는 힘이 강하면 고체에서 액체로 녹을 때 열에너지가 많이 필요하기 때문에 녹는점이 높아요. 이와 반대로 입자끼리 끌어당기는 힘이 약하면 열에너지가 적게 필요하기 때문에 녹는점이 낮죠. 아래 표는 여러 가지 물질의 어는점을 나타낸 것이랍니다.

물질	산소	질소	에탄올	수은	물
어는점(℃)	-218.4	-209.9	-117.3	-38.9	0

물질	주석	염화나트륨	구리	철	텅스텐
어는점(℃)	231.97	801	1085	1535	3310

인류의 역사는 석기 시대, 청동기 시대, 철기 시대 순으로 발전해 왔어요. 처음에는 주변의 돌을 이용해 생활에 필요한 도구를 만들어 쓰다가 금속을 만드는 기술이 발달하면서 청동과 철을 이용한 물품

을 만들게 됐죠. 청동은 구리와 주석의 합금인데, 지구에는 구리나 주석보다 철이 더 많이 있어요. 사람들은 왜 양이 풍부한 철 대신 청동을 먼저 사용했을까요?

청동이나 철과 같은 금속으로 물체를 만들려면 우선 액체로 녹였다가 틀에 부어서 굳혀야 해요. 그런데 철은 표에서 보듯 녹는점이 1535℃로 구리나 주석에 비해 아주 높아요. 따라서 사람들은 철보다 녹이기 쉬운 구리와 주석을 섞어 만든 청동을 이용해 문명을 발달시켰던 거예요.

이 같은 원리로 요즘에도 전기 회로에 땜질을 할 때 순수한 납 대신, 납과 주석을 섞어 만든 '땜납'이라는 물질을 사용해요. 순수한 납의 녹는점은 328℃이지만, 땜납의 녹는점은 200℃ 정도이므로 땜납을 이용하면 보다 낮은 온도에서 땜질을 할 수 있답니다.

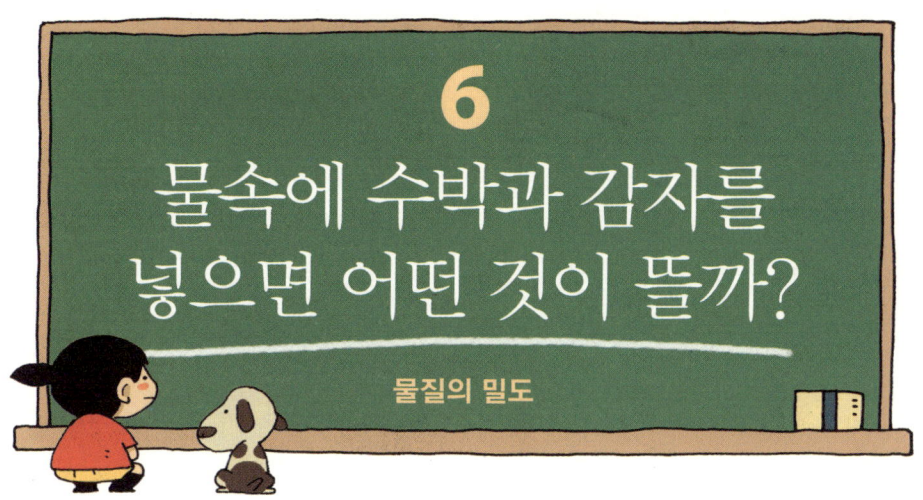

6
물속에 수박과 감자를 넣으면 어떤 것이 뜰까?

물질의 밀도

어느 더운 여름날, 소윤이는 엄마와 함께 장을 보러 시장에 갔어요. 시장에는 여러 가지 야채와 과일이 많이 있었어요. 엄마와 소윤이는 신선한 야채로 물김치도 만들고, 맛있는 과일로 화채도 만들기로 했어요. 통통한 감자로는 감자전을 부치기로 했고요.

땀을 뻘뻘 흘리며 집으로 돌아온 소윤이는 먼저 부엌으로 달려갔어요. 목이 너무 말랐거든요. 얼음물 생각이 간절해진 소윤이는 컵에 얼음을 담고 물을 부었어요. 그러자 얼음이 물 위로 동동 떠올랐어요. 소윤이는 얼음물을 시원하게 들이켰어요.

더위를 식힌 소윤이는 엄마와 함께 사 온 과일과 야채를 물에 넣어 씻기로 했어요. 소윤이와 엄마는 먼저 커다란 통에 물을 가득 받고 여러 가지 과일과 야채를 넣었어요. 수박, 감자, 귤, 오이, 당근, 단감, 참외가 물속에서 더욱 알록달록하게 빛났어요.

그런데 물에 넣은 과일과 야채를 바라보던 소윤이가 고개를 갸웃했어요. 과일과 야채 가운데 어떤 것은 물에 뜨고, 어떤 것은 가라앉았거든요.

왜 어떤 과일이나 야채는 물에 뜨고, 어떤 것은 가라앉는 것일까요? 여러분은 물에 뜨고 가라앉는 것이 무엇 때문에 결정되는지 알고 있나요? 함께 곰곰이 생각하면서 알아보기로 해요.

커다란 통에 물을 담고 수박과 감자를 넣으면 어떤 것이 뜰까?

① 감자는 수박보다 부피가 작고 가벼워서 물에 뜬다.

② 수박은 부피가 크지만 안쪽에 공기가 많이 들어서 물에 뜬다.

부피는 어떻게 나타낼까?

슈퍼마켓에 가면 여러 가지 우유가 있어요. 종류와 크기가 다양해 우유를 고르기가 쉽지 않죠. 그러면 같은 우유가 1.8L에 4000원, 200mL에 650원일 때 어떤 우유가 더 값이 싼 것일까요?

'부피'란 어떤 물질이 차지하는 공간의 크기예요. 어떤 물질의 부피가 얼마인지 정확하게 나타내기 위해 단위를 쓰죠. 부피의 단위에는 'L'나 'mL'가 있어요. L는 영어 'liter'의 약자인데 L이나 ℓ, 또는 l이라고 표시하고 '리터'라고 읽어요. mL는 영어 'milliliter'의 약자인데 mL이나 mℓ, 혹은 ml로 표시하고 '밀리리터'라고 읽고요.

그러면 L와 mL 사이에는 어떤 관계가 있을까요? 1L는 한 변의 길이가 10cm인 정육면체의 부피와 같고, 1mL는 한 변의 길이가 1cm인 정육면체의 부피와 같아요. 즉 1L는 1000cm³, 1mL는 1cm³죠. 결국 1mL를 1000배 하면 1000mL인데, 1000mL는 1L와 같아요.

그러면 두 가지 우유 가운데 어떤 것이 더 싼지 비교해 볼까요? 가격이 4000원인 우유 1.8L는 100mL에 약 222원인 셈이고, 650원인 우유 200mL는 100mL에 325원인 셈이에요. 따라서 1.8L짜리 우유가 값이 더 싸답니다. 우유 1.8L를 모두 쓴다고 가정할 때 말이죠.

부피를 나타내는 또 다른 단위를 알아볼까요? 요리 방법을 설명할 때는 1큰술이나 1작은술이라는 표현을 써요. 그런데 도대체 몇 작은술이 1큰술과 같은 걸까요?

계량스푼으로 큰 스푼에 가득 담긴 양을 1큰술이라고 하는데, 여기에서 말하는 스푼은 서양의 수프용 스푼이에요. 1큰술을 1Ts(Table spoon의 약자)로 나타내기도 하는데, 1Ts는 15mL와 같아요. 또 계량스푼으로 작은 스푼에 가득 담긴 양은 1작은술이라고 해요. 이때 스푼은 커피를 저을 때 쓰는 작은 스푼을 뜻해요. 1작은술은 1ts(tea spoon의 약자)로 나타내는데, 1ts는 5mL와 같아요. 따라서 1큰술은 3작은술과 같답니다.

그런가 하면 우리 속담에도 단위와 관련된 것이 있어요. '되로 주고 말로 받는다.'라는 속담은 다른 사람에게 해를 끼치면 더 큰 해를 입게 된다는 뜻이에요. '되'와 '말'은 우리나라의 전통 계량 단위예요. 되는 약 1.8L인데, 1되는 10홉이에요. 1말은 10되와 같고요. 따라서 1말은 100홉이겠죠?

부피를 측정하는 방법

부피를 측정할 때는 눈금실린더를 쓰는데, 눈금실린더는 메스실린더라고도 해요. 눈금실린더를 이용하면 액체의 부피를 쉽게 알 수 있어요.

먼저 측정하려는 액체보다 부피가 큰 눈금실린더를 수평한 곳에 놓아요. 그리고 눈금실린더 안쪽 벽면을 따라 액체를 천천히 부어요. 눈금을 읽을 때는 액체 표면과 눈의 위치가 수평이 돼야 해요.

유리로 된 눈금실린더에 물을 부으면, 물의 표면이 오목해져요. 이 오목한 면을 '메니스커스'라고 하는데, 물의 경우에는 메니스커스의 아랫부분 눈금을 읽으면 돼요. 이때 눈금실린더에 표시된 가장 작은 눈금의 $\frac{1}{10}$까지 어림해 값을 읽어요. 눈금실린더에 액체를 일정한 부피만큼 담고자 할 때는, 측정하려는 부피보다 약간 적게 붓고 스포이트로 한 방울씩 떨어뜨리는 것이 편리하답니다.

액체는 눈금실린더를 쓰면 부피를 쉽게 측정할 수 있지만, 고체와 기체 부피를 측정하는 것은 조금 더 복잡해요. 먼저 고체 부피를 재는 방법에 대해 알아볼까요?

직사각형 상자처럼 모양이 일정한 고체는 밑넓이와 높이를 곱하

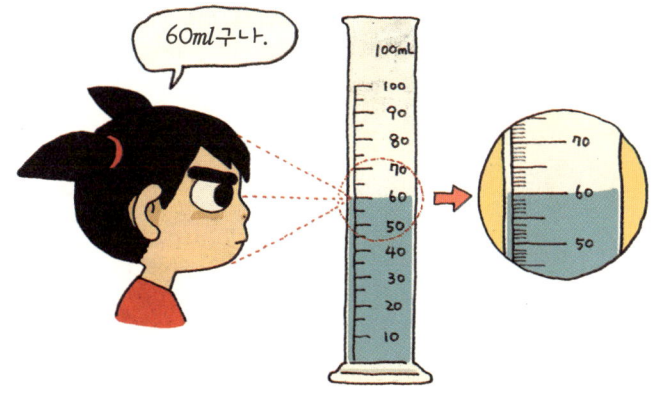

면 부피를 쉽게 구할 수 있어요. 또 모양이 일정하지 않고 물에 가라앉는 고체 가운데 쇠못처럼 눈금실린더에 들어가는 것은 물을 채운 눈금실린더에 넣고, 물이 늘어난 부피를 측정하면 돼요. 물과 물체의 부피를 합한 값에서 물체를 넣기 전 물의 부피 값을 빼면, 그 값이 바로 물체의 부피예요.

이런 원리로 코르크 마개처럼 모양이 일정하지 않으면서 물에 가라앉지 않는 고체의 부피도 측정할 수 있어요. 물을 채운 눈금실린더에 모양이 일정하지 않고 물에 가라앉지 않는 고체를 넣은 다음, 가는 철사를 이용해 물속에 들어가도록 눌러 주면 돼요. 이때 철사의 부피는 무시합니다.

예를 들어 눈금실린더에 들어 있는 물의 부피가 25mL이고, 철사로 코르크 마개를 물속에 넣었을 때 수면이 40mL로 올라왔다면, 코르크 마개의 부피는 얼마일까요? 늘어난 물의 부피가 바로 코르크 마개의 부피이므로 15mL겠죠?

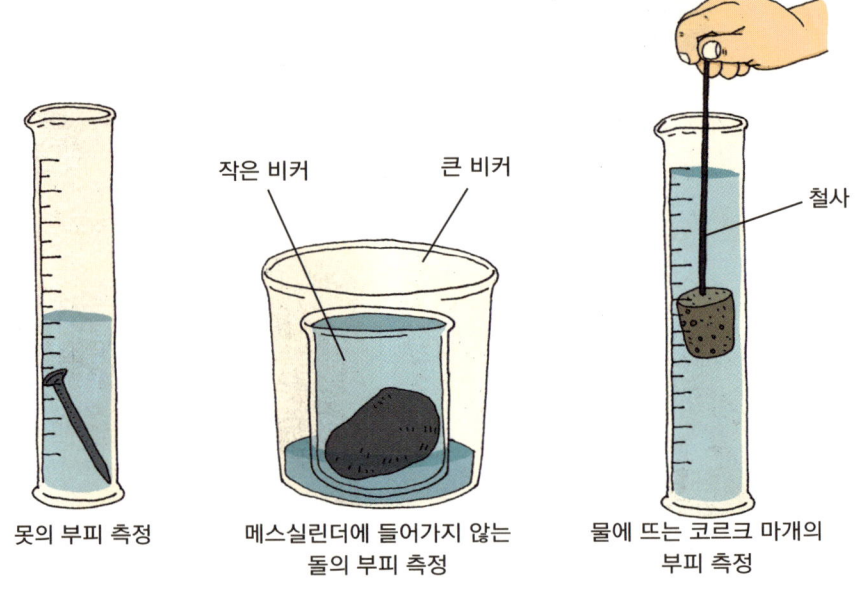

못의 부피 측정   메스실린더에 들어가지 않는 돌의 부피 측정   물에 뜨는 코르크 마개의 부피 측정

눈금실린더에 들어가지 않는 고체의 부피를 측정할 때는 그릇을 이용하면 돼요. 그릇에 물체가 잠길 만큼 물을 가득 채운 다음 물체를 넣어요. 그러면 물이 흘러넘치는데, 이때 흘러넘친 물의 부피가 바로 그 물체의 부피예요.

그러면 기체의 부피는 어떻게 측정할 수 있을까요? 기체의 부피는 물을 채운 눈금실린더를 수조에 장치하고 눈금실린더에 기체를 모아 측정할 수 있어요.

물을 채운 눈금실린더의 입구를 막고 물이 들어 있는 수조에 넣으면, 눈금실린더를 거꾸로 세울 수 있어요. 눈금실린더와 기체가 들어 있는 용기 사이에 유리관을 연결해 기체를 내보내면, 기체가 눈금실린더에 모이게 되므로 기체의 부피를 측정할 수 있답니다.

질량은 어떻게 측정할까?

우리는 일상생활에서 무게와 질량이라는 말을 거의 같은 뜻으로 써요. 그러나 무게는 그 물체에 작용하는 중력의 크기예요. 그래서 무게의 단위는 kgf, gf로 나타내요. 일상생활에서 몸무게를 말할 때 50kg이라고 하는 것은 잘못된 표현이죠. 정확히 표현하면 50kgf라고 해야 해요. 질량은 그 물체의 고유한 양이에요. 질량은 측정하는 장소에 따라 변하지 않지만, 무게는 측정하는 장소에 작용하는 중력의 크기에 따라 달라져요. 달의 중력은 지구 중력의 $\frac{1}{6}$이에요. 그래서 달에서 잰 몸무게는 지구에서 잰 몸무게의 $\frac{1}{6}$값이랍니다.

그러면 지구에서 질량이 60kg, 무게가 60kgf인 사람이 달에서 질량과 무게를 측정하면 얼마나 될까요? 질량은 장소에 따라 변하지 않는다고 했죠? 달에서 잰 질량은 지구에서 잰 질량과 같이 60kg이고, 무게는 지구 중력의 $\frac{1}{6}$이므로 10kgf예요. 아래 표는 질량과 무게의 특성을 정리한 것이랍니다.

	질량	무게
정의	물질의 고유한 양	물체에 작용하는 중력의 크기
측정	윗접시저울, 양팔저울	앉은뱅이저울, 용수철저울
단위	kg, g	kgf, gf, N
변화	장소가 달라져도 변하지 않는다.	장소에 따라 변한다.

아르키메데스가 밝혀낸 비밀

"유레카, 유레카!"

기원전 3세기경에 살았던 그리스의 수학자 아르키메데스는 어느 날 "유레카!"라고 외치면서 목욕탕을 뛰쳐나왔다고 해요. '유레카'는 그리스어로 '발견했다.'라는 뜻이에요. 아르키메데스는 목욕탕에서 도대체 무엇을 발견한 것일까요?

아르키메데스가 살던 시라쿠사의 왕 히에론은 전쟁에서 이기고 사람들이 평안하게 살 수 있도록 돌봐 준 신께 감사드리기 위해 순금으로 된 왕관을 바치기로 했어요. 왕은 왕관을 만드는 세공 업자에게 순금 덩어리를 주고 멋진 왕관을 만들게 했죠.

그런데 웬일인지 세공 업자가 왕관을 만들 때 순금 덩어리를 전부 쓰지 않았다는 소문이 돌기 시작했어요. 순금 덩어리를 녹인 다음 틀에 넣어 굳히면 왕관이 되는데, 세공 업자가 순금 덩어리를 녹일 때 순금 일부를 떼어 놓고 다른 금속 물질을 넣었다는 의심을 받게 된 거예요.

세공 업자는 자기가 만든 왕관과 왕이 준 순금 덩어리의 질량이 같으므로 자신은 결백하다고 주장했어요. 그러나 왕관에 대한 소문은 끊이지 않았죠. 고민에 빠진 왕은 아르키메데스에게 이 문제를 해결해 달라고 부탁했어요. 여러분이 아르키메데스라면 이 문제를 어떻게 해결할 수 있을까요? 참, 문제를 해결하기 위해서 왕관을 부수거나 망가뜨리면 곤란하겠죠?

아르키메데스는 너무 깊이 생각을 한 나머지 온몸이 피곤해졌어요. 그래서 욕조에 뜨끈한 물을 받아 몸을 담그고 쉬어야겠다고 생각했죠. 아르키메데스가 욕조에 물을 가득 채우고 들어가 앉자, 욕조에서 물이 흘러넘쳤어요. 바로 그 순간, 아르키메데스는 소리쳤어요.

"유레카, 유레카!"

아르키메데스는 도대체 무엇을 발견한 것일까요? 아르키메데스는 욕조에서 흘러넘친 물의 부피가 물속에 잠긴 자기 몸의 부피와 같다는 사실을 발견했어요. 그래서 이를 이용하면 왕관의 비밀을 풀 수 있겠다는 생각이 들었던 거예요.

아르키메데스는 물이 가득 찬 그릇에 왕관 만들 때 쓴 만큼 순금 덩어리를 넣었어요. 다음에는 같은 그릇에 역시 물을 가득 채우고 왕관을 넣었고요. 그리고 순금 덩어리를 넣었을 때와 왕관을 넣었을 때 흘러넘친 물의 부피를 비교해 봤어요. 순금 덩어리와 왕관은

　모두 물에 가라앉았지만, 흘러넘친 물의 부피는 달랐어요. 순금 덩어리와 왕관의 질량은 같지만 부피가 달랐던 것이죠.

　물질의 종류가 같다면 질량이 같을 때 그 부피도 같아야 해요. 그러나 순금 덩어리와 왕관의 부피가 다르므로 왕관에는 순금이 아닌 다른 물질이 섞여 있었던 거예요. 즉, 아르키메데스는 세공 업자가 순금을 모두 쓰지 않았다는 소문을 사실로 밝혀낸 것이죠. 어때요, 여러분도 아르키메데스와 같은 방법으로 문제를 풀어 냈나요?

뜨고 가라앉음을 결정하는 것은?

아르키메데스의 실험에서 질량이 같은 순금 덩어리와 왕관은 모두 물속에 가라앉았어요. 그렇다면 어떤 물체가 물에 가라앉고, 어떤 물체가 뜨는 걸까요?

작은 쇠구슬과 큰 스티로폼을 물에 넣으면 작은 쇠구슬은 가라앉고, 큰 스티로폼은 떠요. 그렇다면 물체의 부피가 작으면 물에 가라앉고, 크면 뜨는 걸까요?

스티로폼은 부피가 작아도 물속에 가라앉지 않고, 쇠구슬은 부피가 커도 물 위에 뜨지 않아요. 따라서 물에 뜨고 가라앉음이 물체의 부피에 의해 결정되는 것은 아니에요.

그렇다면 물체의 질량에 따라 물에 뜨고 가라앉음이 결정되는 것일까요? 즉, 질량이 작아서 가벼운 것은 물에 뜨고, 질량이 커서 무

거운 것은 물속에 가라앉을까요?

질량이 똑같이 10g인 쇠구슬과 양초 조각을 물에 넣으면, 쇠구슬은 가라앉지만 양초 조각은 떠요. 그러면 질량이 100g인 양초 조각을 물에 넣으면 어떻게 될까요?

양초 조각은 쇠구슬보다 질량이 클 때도 물에 뜬답니다. 질량이 크다고 해서 항상 물에 가라앉는 것은 아니에요. 질량이 아주 큰 통나무도 물에 뜨는 것을 보면, 물에 뜨고 가라앉음은 물체의 질량에 의해 결정되는 것도 아니라는 것을 알 수 있어요. 무엇이 물에 뜨고 가라앉는 것을 결정하는지, 이제부터 찬찬히 알아보기로 해요.

부력의 원리

여러분은 낚시를 하러 가 본 적이 있나요? 낚싯줄에 걸린 물고기를 끌어올리면 물고기가 물속에 있을 때와 반쯤 공기 중으로 나왔을 때, 그리고 물 밖으로 완전히 올라왔을 때 그 무게가 모두 다르게 느껴져요. 또 물고기를 용수철저울에 매달아 물속에 넣고 무게를 측정하면, 물 밖에서 잴 때보다 무게가 적게 나가요.

무게는 아래쪽으로 작용하는 중력의 크기예요. 그런데 물속에서는 부력이 작용해서 물체가 가볍게 느껴지는 거예요. 부력은 중력과 반대 방향, 즉 위쪽으로 작용하는 힘이에요.

어떤 물체가 물속에 들어가면, 물이 그 물체의 부피만큼 위쪽으로 올라가요. 이 물체에는 물이 누르는 힘인 수압이 사방에서 작용해요. 물체의 오른쪽과 왼쪽에 작용하는 수압은 방향만 반대일 뿐 그 크기가 같아요. 그래서 물체의 양 옆에 작용하는 수압은 물체에 아무런 영향을 미치지 못하죠.

하지만 물체의 윗면과 아랫면에 작용하는 수압은 그 크기가 달라요. 물속에서 압력은 물의 깊이가 깊을수록 더 크게 작용하거든요. 물체의 아랫면에 작용하는 수압이 윗면에 작용하는 수압보다 크기 때문에 결국 물체에는 위쪽으로 힘이 작용해요. 바로 이 힘이 부력이랍니다.

즉, 물속에 있는 물체에는 아래쪽에서 위쪽으로 밀어내는 수압이 더 크게 작용하고, 그 수압 때문에 위쪽으로 뜨는 힘인 부력이 생기는 것이죠. 돌을 물속에 넣으면 가라앉지만 돌에도 부력이 작용하고 있어요. 그래서 물속에서 돌을 들어 보면 더 가벼운 거예요. 물속에 있는 물체의 무게는 물체가 밀어낸 물의 부피만큼 가벼워지거든요. 이 원리를 아르키메데스가 발견했다 하여 '아르키메데스의

원리'라고 불러요.

 물체가 물에 가라앉으려면, 물체가 들어 올리는 물의 무게보다 물체의 무게가 더 무거워야 해요. 물체는 자신의 부피만큼 물을 위로 들어 올리므로, 물체와 부피가 같은 물의 무게를 재 보면 물체가 물속에서 뜰지 가라앉을지 알 수 있어요. 물체의 무게가 물체와 부피가 같은 물의 무게보다 무거우면 물체는 가라앉을 거예요. 반대로 물체의 무게가 더 가벼우면 위로 뜨겠죠?

 무게는 어떤 물체에 작용하는 중력, 즉 지구가 끌어당기는 힘의 크기라고 했어요. 무게는 질량에 비례해요. 그럼 무게 대신 질량을 이용해 이 현상을 다시 설명해 볼까요?

 물체가 물에 가라앉으려면 물체의 질량이 물체와 부피가 같은 물의 질량보다 커야 해요. 그리고 물체가 물에 뜨려면 물체의 질량이 물체와 부피가 같은 물의 질량보다 작아야 하고요. 즉, 물체와 물이 일정한 부피일 때 질량의 크기를 비교하면 어떤 물체가 뜰지 가라앉을지 알 수 있겠죠?

밀도란 무엇일까?

'밀도'란 일정한 부피일 때 질량의 크기를 나타내는 값이에요. 밀도의 예를 찾아볼까요?

어떤 지역에 사람들이 얼마나 많이 사는지 나타내는 수치를 '인구밀도'라고 해요. 또 골다공증인지 아닌지 검사할 때는 골밀도를 살펴봐요. '골다공증'이란 뼛속에 들어 있는 무기질과 단백질이 줄어들어 뼈 조직이 엉성해지는 증상이에요. 골다공증에 걸린 뼈의 사진을 보면 구멍이 많이 커져 있는데, 바로 뼈의 밀도가 낮아진 거예요. 이처럼 밀도는 얼마나 빽빽한가를 나타내는 수치랍니다.

물질의 밀도는 일정한 부피 안에 분자들이 얼마나 몰려 있는지로 나타내요. 분자가 많이 모일수록 질량이 크기 때문에 물질의 밀도는 일정한 부피에 대한 질량의 값으로 구할 수 있죠.

$$밀도 = \frac{질량}{부피}$$

밀도를 나타내는 단위로는 g/mL, g/cm³를 많이 써요. 물론 kg/L, kg/m³도 쓸 수 있어요. 그럼 밀도를 한번 구해 볼까요? 물 100g의 부피를 측정하면 100mL이에요. 따라서 물의 밀도는 1g/mL이죠. 그렇다면 물 200g의 밀도는 얼마일까요?

물의 질량이 2배로 늘어나 200g이 되면 물의 부피 또한 200mL가 되므로 밀도는 1g/mL이에요. 물질의 종류가 같을 때 밀도는 일정하답니다.

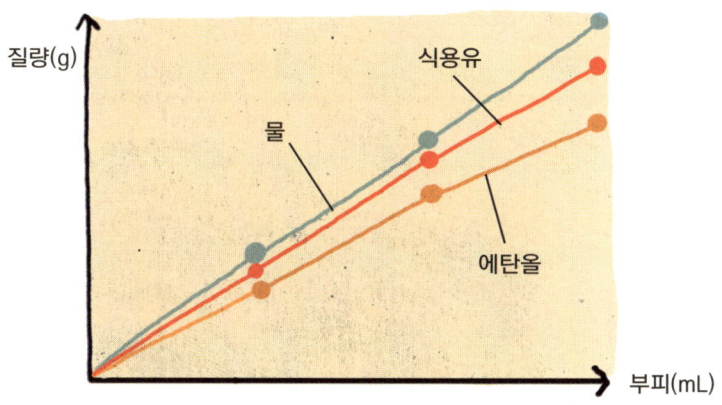

위 그래프는 양이 다른 물, 식용유, 에탄올의 부피와 질량을 측정

한 것이에요. 이 그래프에서 각 직선의 기울기는 $\frac{질량}{부피}$이므로 밀도를 나타내요. 물질의 종류가 같으면 부피나 질량이 변하더라도 밀도가 일정하다는 것을 알 수 있죠?

여러 가지 물질의 밀도

아래 표는 여러 가지 물질의 밀도를 나타낸 거예요. 기체의 부피는 온도와 압력에 따라 달라지므로, 기체의 밀도를 나타낼 때는 반드시 온도를 함께 표시해야 해요. 아래 표를 살펴보세요. 물질의 종류에 따라 밀도가 다르죠? 밀도는 물질의 고유한 특성이에요.

물질	밀도(g/㎤)	물질	밀도(g/㎤)
백금	21.5	물	1.0
금	19.3	얼음(0℃)	0.92
수은	13.5	메탄올	0.79
납	11.3	이산화탄소*	0.0019
은	10.5	산소*	0.0014
구리	8.9	질소*	0.0012
철	7.9	공기*	0.0013
사염화탄소	1.6	수소*	0.00008

(*기체의 밀도는 1기압, 15℃일 때 측정한 것이다.)

그런데 왜 물질의 밀도는 저마다 다른 걸까요? 밀도는 그 물질을 이루는 분자의 질량과 부피에 따라 달라지기 때문이에요. 같은 부피에 같은 개수의 분자가 들어 있다면, 아래 그림처럼 질량이 큰 분자로 구성된 물질의 밀도가 더 커요.

그리고 종류가 같은 분자로 구성된 물질은 부피가 같을 때 분자의 개수가 많을수록 밀도가 크답니다.

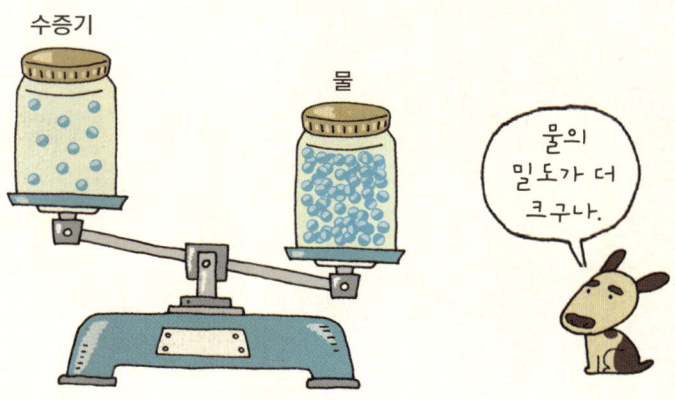

물체의 밀도가 물의 밀도보다 작으면 물에 뜬다

물체가 물에 가라앉으려면 물체의 질량이 물체와 부피가 같은 물의 질량보다 커야 한다고 했어요. 즉, 어떤 물체를 물에 넣었을 때 물체의 밀도가 물의 밀도보다 크면 가라앉아요. 반대로 물체의 질량이 물체와 부피가 같은 물의 질량보다 작으면 물에 뜨겠죠? 즉, 물체의 밀도가 물의 밀도보다 작을 때 물에 뜨는 거예요.

귤을 예로 들어 볼게요. 오른쪽 사진처럼 껍질을 벗기지 않은 귤을 물에 넣으면 떠올라요. 그런데 귤 껍질과 알맹이를 따로 넣으면 귤 껍질은 물에 뜨지만, 알맹이는 가라앉네요. 그 이유는 무엇 때문일까요?

귤 껍질은 스펀지처럼 공기를 많이 포함하고 있어서 물보다 밀도가 작지만, 귤 알맹이는 물보다 밀도가 크기 때문이에요. 껍질을 벗기지 않은 귤을 물에 넣었을 때는 귤 껍질이, 귤 알맹이가 물에 뜰 수 있도록 튜브 역할을 하는 것이랍니다.

그러면 처음에 나왔던 문제를 다시 생각해 볼까요? 수박과 감자 가운데 어떤 것이 물에 뜰지 묻는 문제였어요.

어떤 친구는 수박은 부피가 크고 무겁기 때문에 물에 가라앉을

거라고 생각할 수도 있어요. 그런데 수박은 공기를 많이 포함하고 있어서 부피에 비해 질량이 작아요. 즉, 수박의 밀도는 물의 밀도인 1g/mL보다 작죠. 따라서 수박을 물에 넣으면 둥둥 뜬답니다. 물론 물이 담긴 통이 수박보다 깊어서 수박이 물에 잠길 수 있을 때 말이죠. 냉장고가 없던 옛날에는 수박이 물에 뜨는 원리를 이용해 시원한 물이 흘러가는 곳에 수박을 끈으로 묶어 놓기도 했답니다.

그러면 감자를 물에 넣으면 어떻게 될까요? 감자는 수박보다 부피가 작고 가벼우니까 물에 뜰 것 같다고요?

작지만 단단한 감자는 부피에 비해 질량이 커요. 즉, 감자의 밀도는 물의 밀도인 1g/mL보다 크답니다. 따라서 감자를 물에 넣으면 가라앉아요. 수박처럼 전체 질량이 크더라도 공기를 많이 포함하고 있어서 밀도가 작은 것은 물에 뜨고, 감자처럼 전체 질량이 작더라도 밀도가 큰 것은 가라앉죠.

금속으로 만든 커다란 배가 물에 뜨는 것도 이 같은 원리로 설명할 수 있어요. 조그만 금속 못은 바닷물에 가라앉아요. 하지만, 금속으로 만든 배는 못보다 훨씬 큰데도 바닷물 위에 떠요. 그 이유는 배가 내부에 공기를 많이 포함하고 있어서 배의 밀도가 물보다 작기 때문이에요.

온도가 변하면 밀도도 변한다

이번에는 온도와 밀도의 관계를 알아볼게요. 욕조에 따뜻한 물을 받아 놓으면 물의 위쪽과 아래쪽 온도가 같을까요?

욕조에 담긴 물의 표면은 찬 공기와 맞닿아 있으므로 위쪽에 있는 물은 주위에 열에너지를 빼앗겨 아래쪽보다 온도가 낮아져요. 그래서 욕조에 담긴 물은 위쪽이 차갑고, 아래쪽이 더 뜨거울 것이라고 생각할 수도 있어요. 하지만 욕조에서는 이와 반대의 현상이 일어난답니다.

위쪽에 있는 차가워진 물은 아래쪽에 있는 따뜻한 물에 비해 밀도가 크므로 아래로 내려가고, 아래쪽에 있던 따뜻한 물은 밀도가 작으므로 위로 올라가거든요. 결국 욕조 안에서 따뜻한 물은 위쪽으로, 차가운 물은 아래쪽으로 이동하죠.

이처럼 액체나 기체에서 뜨거운 물질은 위로 올라가고, 차가운 물질은 아래로 내려오면서 열을 전달하는 방법을 '대류'라고 해요. 따라서 에어컨은 위쪽에 설치해야 냉방에 효과가 크고, 난방기는 아래쪽에 설치해야 난방에 효과가 크겠죠?

간단한 실험으로 온도에 따른 밀도 변화를 살펴볼게요. 먼저 큰 통에 찬물을 담아 준비해요. 그리고 작은 병에는 뜨거운 물을 담고 빨간 색소를 넣은 다음, 입구를 은박지로 막고 고무줄로 고정시켜요. 뜨거운 물과 색소가 담긴 작은 병을 찬물이 담긴 통에 넣고 은박지에 조금씩 구멍을 내면 어떻게 될까요?

병 속에 들어 있는 뜨거운 물의 밀도가 찬물보다 작기 때문에 빨간색 물이 위쪽으로 올라가는 모습을 볼 수 있답니다.

농도 변화에 따른 밀도 변화

물에 소금을 넣어 모두 용해시킨 소금물의 부피는 소금을 넣기 전 물의 부피보다 크게 증가하지 않아요. 그렇다면 부피가 같은 소금물과 물은 밀도에도 큰 차이가 없을까요?

소금을 용질로, 물을 용매로 용해시킬 때 용액의 질량은 용질의 질량만큼 증가해요. 그러나 용질을 이루는 입자들이 용매를 이루는 입자 사이에 고루 섞여서 그 부피는 많이 증가하지 않아요. 따라서 소금물은 질량이 늘어나는 것에 비해 부피가 늘어나는 비율이 낮아서 물보다 밀도가 크죠.

컵에 물을 붓고, 방울토마토를 넣으면 방울토마토가 가라앉아요. 그런데 물에 소금을 넣어 녹이면 방울토마토가 떠오르는 것을 볼 수 있어요. 소금물의 밀도가 방울토마토의 밀도보다 크기 때문에 방울토마토가 소금물 위로 뜨는 거예요. 이처럼 액체의 농도가 짙어질수록 밀도는 커진다는 사실을 기억하세요.

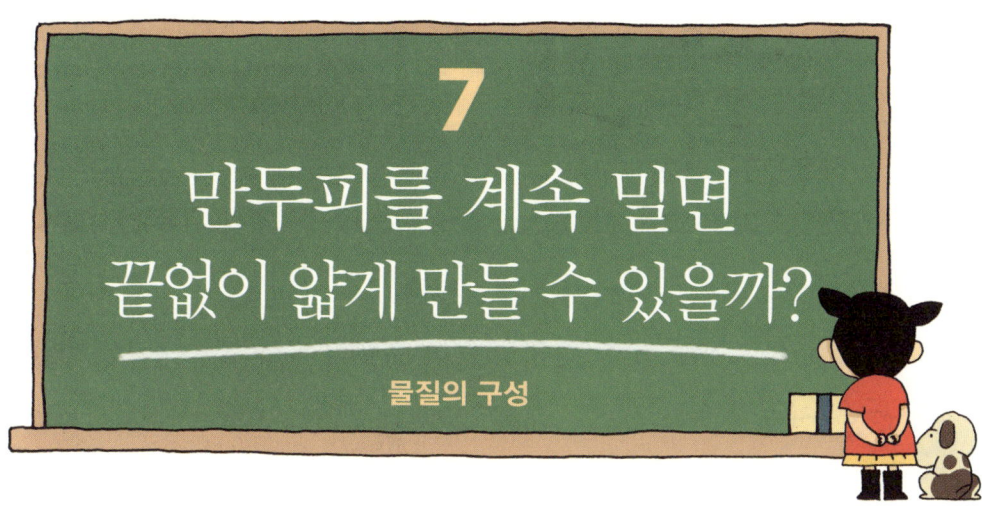

7
만두피를 계속 밀면 끝없이 얇게 만들 수 있을까?

물질의 구성

"까치 까치 설날은 어저께고요, 우리 우리 설날은 오늘이래요."

설날 아침, 소윤이네 가족은 떡국에 넣어 먹을 만두를 빚기로 했어요. 소윤이 엄마는 먼저 만두에 들어갈 고기, 야채, 두부, 당면 등을 섞어 만두소를 준비했어요. 소윤이 아빠는 밀가루에 물을 조금 넣고 밀가루 반죽을 만들어서 차지게 치댔어요. 아빠는 밀가루 반죽을 조금씩 떼어 내 밀대로 밀면서 동그랗고 납작하게 만두피를 만들었어요. 그리고 소윤이는 아빠가 만든 만두피에 엄마가 만든 만두소를 넣고 예쁘게 만두를 빚었죠.

그런데 만두를 빚다 보니, 만두피에 비해 만두소가 많이 남았어요. 그래서 소윤이는 아빠에게 만두피를 아주 크게 만들어 달라고 했어요. 왕만두를 만들겠다고 말이죠. 하지만 아빠는 고개를 갸웃하셨어요.

"소윤아, 밀가루 반죽이 조금밖에 없는데 만두피를 크게 만들 수 있을까?"

"아빠! 만두피를 아주 얇게 만들면 만두피가 계속 넓어지지 않을까요? 두께가 끝없이 얇은 만두피를 만들어 주세요."

양이 일정한 밀가루 반죽을 계속 밀어서 만두피 두께를 얇게 만들면 넓이가 넓어집니다. 그렇다면 소윤이 아빠는 만두피를 끝없이 얇게 만들 수 있을까요?

? 양이 일정한 밀가루 반죽을 계속 밀면 만두피를 끝없이 얇게 만들 수 있을까?

① 밀가루 반죽은 공간 없이 연결된 덩어리이기 때문에 밀면 밀수록 끝없이 얇아진다.

② 밀가루 반죽은 쪼갤 수 없는 입자로 이루어져 있다. 만두피의 두께가 그 입자의 두께보다 얇아질 수는 없다.

고대의 물질관

예로부터 사람들은 물질이 무엇으로 이루어졌는지 궁금해했어요. 고대 그리스의 탈레스는 물이 없으면 많은 생명체가 살 수 없고, 물을 가만히 두면 벌레가 생기는 것으로 보아 만물의 근원은 물이라고 생각했어요.

그러나 아리스토텔레스의 생각은 달랐어요. 아리스토텔레스는 물질의 기본 성질은 따뜻함과 차가움, 건조함과 습함이라고 여겼어요. 차가움과 습함을 합하면 물, 따뜻함과 습함을 합하면 공기, 차가움과 건조함을 합하면 흙, 따뜻함과 건조함을 합하면 불이 된다고 생각했죠. 그리고 모든 물질은 물, 불, 공기, 흙 네 가지 요소가 적절하게 섞여 만들어진다는 '4원소설'을 주장했어요.

이러한 아리스토텔레스의 생각은 연금술에 영향을 미쳤어요. 연금술사들은 황과 수은을 적절하게 섞으면 가장 순수하고 값비싼 금속인 금을 만들 수 있다고 믿었어요. 또 연금술사들은 '현자의 돌'을 찾아내려고 노력했어요. '현자'란 매우 현명한 사람을 뜻해요. 연금술사들은 현자의 돌로 값싼 금속들을 금으로 바꿀 수 있다고 생각했죠.

하지만 연금술사들은 금을 만들 수 없었고, 현자의 돌도 찾아내지 못했어요. 그래도 연금술사들이 개발한 많은 실험 도구나 실험 방법은 초기 화학의 발전에 크게 이바지했어요. 화학을 뜻하는 영어 단어인 'Chemistry(케미스트리)'도 연금술을 뜻하는 'Alchemy(알케미)'에서 유래했답니다.

입자설과 연속설

손아귀 힘이 좋은 사람들은 맨손으로도 사과를 반쪽으로 쪼갤 수 있어요. 사과 $\frac{1}{2}$쪽을 또 반으로 쪼개면 $\frac{1}{4}$쪽이 되고, $\frac{1}{4}$쪽을 반으로 쪼개면 $\frac{1}{8}$쪽, 또 쪼개면 $\frac{1}{16}$쪽, 다시 쪼개면 $\frac{1}{32}$쪽으로 나뉩니다. 사과를 계속 반으로 쪼개면, 사과는 어떻게 될까요?

고대의 데모크리토스는 물질은 더 이상 쪼개지지 않는 입자로 구성되어 있다고 주장했어요. 그리고 이 입자들 사이에 공간이 있다고 생각했죠. 물질에 대한 데모크리토스의 주장을 '물질의 입자설'이라고 해요. 물질의 입자설에 찬성하는 사람들은 사과를 계속 반으로 쪼개면 사과를 이루는 가장 작은 입자가 남고, 그 입자는 더 이상 쪼갤 수 없다고 생각했어요.

반대로 아리스토텔레스는 물질은 끝없이 쪼개진다고 주장했어요. 이러한 아리스토텔레스의 주장을 '물질의 연속설'이라고 해요. 물질의 연속설에 찬성하는 사람들은 사과를 끊임없이 반으로 쪼개면, 사과가 계속 반으로 작아지다가 결국 없어진다고 생각했어요.

압력에 따른 기체의 부피 변화를 알아본 주사기 실험을 기억하나요? 주사기 입구를 고무마개로 잘 막은 다음 피스톤을 누르면 공기의 부피가 작아지고, 피스톤에서 손을 떼면 공기 부피가 다시 커졌죠. 이 현상을 입자설과 연속설 입장에서 설명해 볼게요.

먼저 입자설을 주장한 데모크리토스는 공기가 입자로 이루어져 있고, 입자들 사이는 아무것도 없이 비어 있다고 했어요. 입자설의 주장대로라면, 주사기 피스톤을 누르면 입자들 사이에 공간이 줄어들면서 공기의 부피가 작아질 거예요. 하지만 공기 입자들이 계속 운동해 피스톤과 충돌하기 때문에 피스톤에서 손을 떼면 공기의 부피가 다시 커지겠죠.

연속설을 주장한 아리스토텔레스는 주사기 속 공기에는 공간이 없고, 공기는 연속해서 채워져 있다고 했어요. 연속설의 입장에서는 피스톤을 누르면 공기가 짙어지고, 손을 떼면 다시 공기가 옅어진다고 말할 수 있어요. 신을 숭배했던 고대 사람들은 "신은 진공을 싫어한다."라고 한 아리스토텔레스의 연속설을 받아들였답니다.

근대의 물질관

프랑스의 화학자 라부아지에는 1768년 펠리컨 병에 물을 넣고 100일 동안 가열하는 실험을 했어요. 펠리컨 병에서 액체를 가열하면 끓어서 생긴 기체가 바깥으로 날아가지 않고 병 안쪽에서 다시 액체로 바뀌어요. 라부아지에는 이 실험에서 병 안에 하얀 침전물이 생긴 것을 발견했어요.

아리스토텔레스의 4원소설을 믿던 당시 사람들은 물과 불이 만나면 물의 차가움과 습함, 불의 뜨거움과 건조함이 재배열돼 차갑고 건조한 성질이 있는 흙, 뜨겁고 습한 성질이 있는 공기로 변한다고 생각했어요. 그래서 병 안에 생긴 하얀 침전물이 흙이고, 물을 끓여 생성된 기체가 공기라고 믿었죠.

그러나 라부아지에는 병 안에 든 흰색 침전물의 정체를 밝히려면 객관적인 자료가 필요하다고 생각했어요. 라부아지에는 물을 가열하기 전과 가열한 후에 물과 병의 질량을 측정했고, 흰색 침전물이 흙이 아니라 유리병의 성분이 녹아 나온 것이라는 사실을 발견했어요. 또한, 라부아지에는 물을 수소와 산소로 분해하는 데 성공했어요. 그래서 라부아지에는 물이 물질을 이루는 기본 요소라는 아리

스토텔레스의 주장을 반박할 수 있었죠.

이때부터 사람들은 물질을 이루는 기본 요소가 물, 불, 공기, 흙이라는 4원소설을 믿지 않게 되었어요. 라부아지에는 실험으로 더 이상 분해할 수 없는 물질을 '원소', 분해할 수 있는 물질을 '화합물'이라고 정의했어요. 이렇게 근대 화학의 기초를 이룬 라부아지에는 '근대 화학의 아버지'라고 불려요.

한편 영국의 보일은 주사기 입구를 막고 피스톤을 눌렀을 때 기체의 부피가 작아지는 이유는 기체가 입자로 구성되어 있고 입자 사이가 진공이기 때문이라고 했어요. 이는 '신은 진공을 싫어한다.'라는 아리스토텔레스의 주장에 반하는 것이기 때문에 일부 사람들은 여전히 보일의 주장을 받아들이지 않았어요. 그러나 보일은 진공 펌프를 만들어 진공의 존재를 밝혀냈고, 입자와 입자 사이에는 빈 공간이 있음을 사람들에게 알렸어요. 물질의 연속설이 과학적으로 옳지 않음을 입증하기 위한 토대를 마련한 것이죠.

그뿐만 아니라 17~18세기에는 산소, 수소, 이산화탄소, 질소 등 다양한 기체가 발견됐어요. 아리스토텔레스가 주장한 4원소설과 달리 공기가 여러 가지 성분으로 이루어졌다는 사실이 밝혀진 것이죠. 그래서 사람들은 더 이상 아리스토텔레스의 4원소설을 믿지 않게 되었답니다.

돌턴의 원자 이론

19세기 초에 영국의 과학자 돌턴은 모든 물질이 더 이상 쪼갤 수 없는 원자로 구성되어 있다는 '원자 이론'을 제시했어요. 원소는 한 종류의 원자들로 구성된 물질이고, 화합물은 두 종류 이상의 원자들이 결합해서 이루어진 물질이에요. 돌턴은 다음과 같은 네 가지 원자 이론을 주장했어요.

돌턴의 원자 이론 1
모든 물질은 더 이상 쪼갤 수 없는 원자라는 작은 입자로 구성되어 있다.

돌턴의 원자 이론 2
같은 원소의 원자는 크기와 질량 및 성질이 같으며,
원소가 다르면 원자의 크기와 질량 및 성질도 다르다.

돌턴의 원자 이론 3
화학반응에서 한 원소의 원자는
다른 원소의 원자로 바뀌거나, 없어지거나, 새로 생겨나지 않는다.

돌턴의 원자 이론 4
화합물은 성분 원소의 원자들이 간단한 정수비로 결합해 이뤄진다.

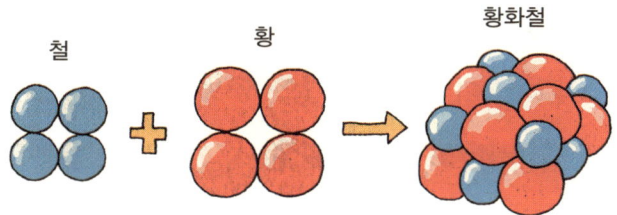

과학자들은 20세기에 드디어 원자가 존재한다는 것을 확인했어요. 그러나 돌턴이 제안한 원자 이론 가운데 일부는 수정해야 했어요. 돌턴은 물질이 더 이상 쪼갤 수 없는 원자로 구성되었다고 했는데, 원자는 원자핵과 전자로 나눌 수 있거든요. 그리고 원자핵은 양성자와 중성자로 구성되어 있고, 양성자와 중성자는 쿼크라는 매우 작은 입자로 이루어져 있답니다.

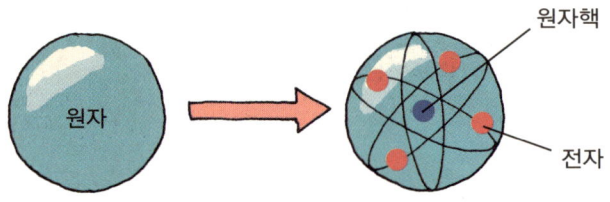

돌턴은 종류가 같은 원자들은 크기와 질량이 같다고 했지만, 종류가 같아도 질량이 다른 원자가 발견됐어요. 화학적인 성질은 거의 비슷하지만, 양성자 수만 같고 중성자 수가 달라서 질량이 서로 다른 원소가 있거든요. 이런 원소를 '동위원소'라고 해요. 예를 들어 수소, 중수소, 삼중수소는 모두 원자번호가 1번인 수소 원소이지만 원자량은 각각 1, 2, 3이에요.

또 돌턴은 화학변화가 일어나도 원자는 변하지 않는다고 했는

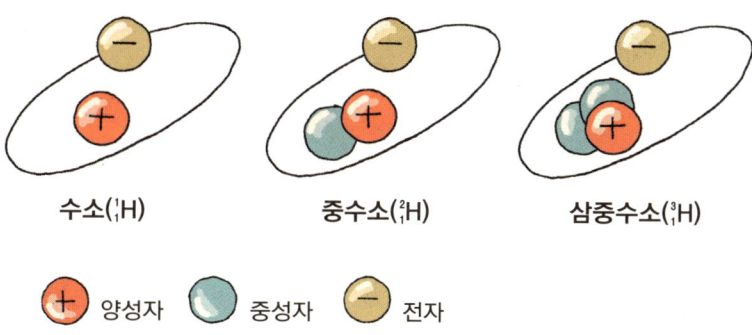

수소의 동위원소

수소($^1_1$H)　　중수소($^2_1$H)　　삼중수소($^3_1$H)

+ 양성자　　중성자　　- 전자

데, 원자에 매우 큰 에너지를 가하면 핵분열이 일어나면서 다른 원자로 바뀌기도 해요. 돌턴의 원자 이론을 지금의 과학 지식으로 보면 수정해야 할 부분이 있지만, 19세기에 돌턴이 제시한 원자 이론은 물질이 입자로 구성된다는 입자설을 확실히 세우는 데 큰 역할을 했어요.

자, 이제 만두피를 계속 밀면 끝없이 얇게 만들 수 있을지 알아볼까요? 지금까지 알게 된 원자 이론을 떠올리면서 잘 생각해 보세요.

만두피를 아무리 얇게 밀더라도 양이 일정한 밀가루 반죽으로 만두피를 끝없이 얇게 만들 수는 없어요. 밀가루 반죽은 한 덩어리가 아니라 우리 눈에 보이지 않는 매우 작은 입자로 이뤄졌기 때문이에요. 그래서 만두피를 아무리 얇게 밀더라도 밀가루 반죽을 구성하는 입자의 두께보다 얇게 만들 수는 없답니다. 어때요, 간단하게 해결되죠?

여러 가지 원소를 어떻게 나타낼까?

연금술사들은 성질이 다른 여러 가지 원소를 발견했어요. 아래 표는 연금술사들이 사용하던 원소기호를 나타낸 거에요. 같은 물질이라도 연금술사에 따라 다르게 표현했답니다. 모양이 신기하죠?

아래 기호는 돌턴이 사용하던 원소기호예요. 중세 연금술사들이 사용하던 기호보다는 단순하네요.

원소기호를 이용하면 다양한 원소를 쉽게 표시할 수 있어요. 지금 우리가 쓰는 원소기호는 스웨덴의 화학자 베르셀리우스가 만든 것인데, 영문자를 이용해 나타내요. 원소기호는 원소 이름에서 알파벳 첫 글자 또는 첫 글자와 중간 글자를 하나씩 따서 함께 쓴답니다.

수소 (Hydrogen) : H
수은 (Hydrargyrum) : Hg

그리고 첫 번째 글자는 대문자로, 두 번째 글자는 소문자로 나타내요.

아래 표는 여러 가지 원소를 원소기호로 나타낸 거예요.

원소 이름		원소기호
한글	영문	
수소	Hydrogen	H
산소	Oxygen	O
탄소	Carbon	C
염소	Chlorine	Cl
질소	Nitrogen	N

원소 이름		원소기호
한글	영문	
나트륨	Natrium	Na
규소	Silicon	Si
황	Sulfur	S
알루미늄	Aluminum	Al
아연	Zinc	Z

성질이 비슷한 원소

원소의 종류는 매우 다양해요. 이러한 원소를 다양하게 활용하기 위해서는 원소를 그 성질에 따라 적절하게 정리하는 것이 필요해요. 생물을 동물과 식물로 분류하고 다시 여러 가지 종으로 분류하는 것처럼 말이죠.

러시아의 과학자인 멘델레예프는 1869년 당시 발견된 63가지 원소를 원자량에 따라 배열했을 때, 원소들이 일정한 주기별로 비슷한 성질을 띠는 것을 발견했어요. '주기'란 같은 특징이 다시 나타날 때까지 걸리는 기간을 의미해요.

예를 들어 학생들이 몸무게 순서에 따라 한 줄로 섰다고 생각해 봅시다. 학생들을 자세히 살펴보니 안경을 쓰고 있는 학생이 1, 6, 11, 16, 21, 26번째에 줄을 섰어요. 그리고 쌍꺼풀이 있는 학생이 2, 7, 12, 17, 22, 27번째에 줄을 섰습니다. 안경을 쓰는 학생 혹은 쌍꺼풀이 있는 학생이 일정한 주기로 줄을 선 것이죠.

멘델레예프는 원소들도 원자량 순서대로 배열했을 때, 일정한 주기마다 비슷한 성질을 띠는 것을 발견했어요. 이처럼 원소를 일정한 순서에 따라 배열하였을 때 그 성질이 주기마다 변하는 것을 '주기율'이라고 하고, 주기율에 따라 원소를 배열한 표를 '주기율표'라고 해요.

영국의 물리학자 모즐리는 원소들을 원자번호 순으로 배열하면 주기마다 원소의 성질이 더욱 정확하게 들어맞는 것을 밝혀냈어요. 그래서 멘델레예프가 만든 주기율표를 일부 수정했죠. 원자번호는 그 원소가 가지고 있는 양성자수와 같아요. 원자량은 그 원소의 동위원소들의 평균 질량을 말하는데, 양성자와 중성자의 합이에요.

그 뒤 여러 과학자들은 많은 원소를 발견하거나 만들었어요. 과

족	1	2	3	4	5	6	7	8	9	10	11	12	13	14	15	16	17	18
1	1 H																	2 He
2	3 Li	4 Be											5 B	6 C	7 N	8 O	9 F	10 Ne
3	11 Na	12 Mg											13 Al	14 Si	15 P	16 S	17 Cl	18 Ar
4	19 K	20 Ca	21 Sc	22 Ti	23 V	24 Cr	25 Mn	26 Fe	27 Co	28 Ni	29 Cu	30 Zn	31 Ga	32 Ge	33 As	34 Se	35 Br	36 Kr
5	37 Rb	38 Sr	39 Y	40 Zr	41 Nb	42 Mo	43 Tc	44 Ru	45 Rh	46 Pd	47 Ag	48 Cd	49 In	50 Sn	51 Sb	52 Te	53 I	54 Xe
6	55 Cs	56 Ba	71 Lu	72 Hf	73 Ta	74 W	75 Re	76 Os	77 Ir	78 Pt	79 Au	80 Hg	81 Tl	82 Pb	83 Bi	84 Po	85 At	86 Rn
7	87 Fr	88 Ra	103 Lr	104 Rf	105 Db	106 Sg	107 Bh	108 Hs	109 Mt	110 Ds	111 Rg	112 Uub	113 Uut	114 Uuq	115 Uup	116 Uuh	117 Uus	118 Uuo

*란탄족 Lanthanoids	57 La	58 Ce	59 Pr	60 Nd	61 Pm	62 Sm	63 Eu	64 Gd	65 Tb	66 Dy	67 Ho	68 Er	69 Tm	70 Yb
*악티늄족 Actinoids	89 Ac	90 Th	91 Pa	92 U	93 Np	94 Pu	95 Am	96 Cm	97 Bk	98 Cf	99 Es	100 Fm	101 Md	102 No

학자들이 새로운 원소들에 이름을 붙이고 주기율표에 적절하게 배치해 오늘날과 같은 주기율표가 만들어진 것이랍니다.

주기율표의 가로줄에 해당하는 것을 '주기'라고 하고, 주기율표의 세로줄에 해당하는 것을 '족'이라고 해요. 같은 족에 있는 원소들은 화학적 성질이 비슷해요.

기체 반응의 법칙과 아보가드로의 분자설

프랑스의 물리학자 게이뤼삭은 같은 온도와 압력에서 기체가 반응할 때, 반응하는 기체의 부피와 생성되는 기체 부피의 비가 일정하다는 '기체 반응의 법칙'을 발표했어요. 예를 들어 수소 기체와 산소 기체가 반응해 수증기가 생길 때 부피의 비율을 나타내면 다음과 같아요.

수소 기체 : 산소 기체 : 수증기 = 2 : 1 : 2

그러면 돌턴의 원자 이론을 이용해 기체 반응의 법칙을 설명할 수 있을까요?

돌턴의 원자 이론에 의하면 원자는 반으로 쪼개질 수 없어요. 따라서 수소 2부피와 산소 1부피가 반응하면 수증기 1부피가 생기고, 2 : 1 : 2의 비율을 설명할 수 없죠.

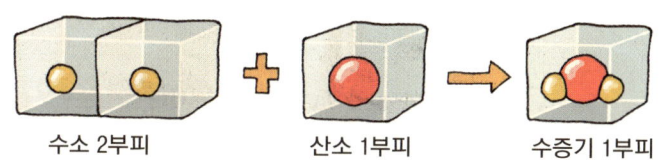

수소 2부피 + 산소 1부피 → 수증기 1부피

그러면 수증기 2부피가 생성되려면 어떻게 해야 할까요? 산소 원자가 반으로 쪼개져야 하네요. 그런데 돌턴의 원자 이론에서는 원자를 반으로 쪼갤 수 없다고 하였으므로 기체 반응의 법칙을 설명할 수 없어요.

수소 2부피   산소 1부피   수증기 2부피

이런 문제점을 해결하기 위해 원자들이 결합해 입자 하나가 되는 분자 개념을 도입해 보기로 해요. 수소 분자는 수소 원자 2개가 결합한 것으로, 산소 분자는 산소 원자 2개가 결합한 것으로 나타내요. 그리고 수증기 분자는 산소 원자 1개에 수소 원자 2개가 결합한 것으로 나타내면 돌턴의 원자 이론을 만족하면서 기체 반응의 법칙을 설명할 수 있는 모형이 되죠.

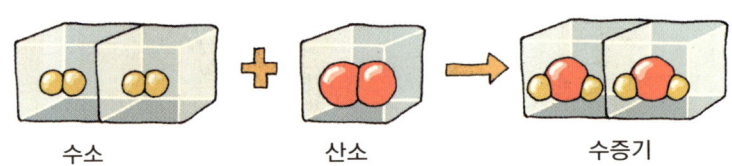

수소   산소   수증기

아보가드로는 분자에 대해 이런 가설을 제시했어요.

"온도와 압력이 일정할 때 어떤 종류의 기체라도 부피가 같다면 분자의 수도 같다."

아보가드로의 분자설은 나중에 실험을 통해 증명되었어요. 0℃, 1기압 상태일 때 모든 기체에는 종류에 관계없이 22.4L 속에 6.02×10^{23}개의 분자가 들어 있는데, 이를 '아보가드로의 수'라고 해요.

그럼 원소기호를 이용해 분자를 표현해 볼게요. 먼저 분자를 이루는 원소의 기호를 써요. 같은 종류의 원소가 2개 이상 사용되었을 때는 원소기호의 오른쪽 아래에 작은 숫자로 표시해요. 그리고 같은 종류의 분자를 2개 이상 표시할 때에는 분자식 앞에 큰 숫자를 쓴답니다. 예를 들어 물 분자는 $2H_2O$라고 표현하면 돼요.

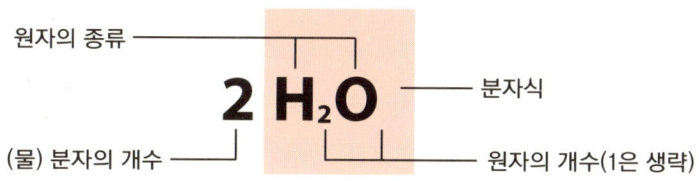

물질	분자 모형	결합된 원자의 종류와 수	분자식
이산화탄소		탄소 1개, 산소 2개	CO_2
암모니아		질소 1개, 수소 3개	NH_3

위의 표는 여러 가지 분자의 모형과 분자식을 나타낸 것이랍니다.

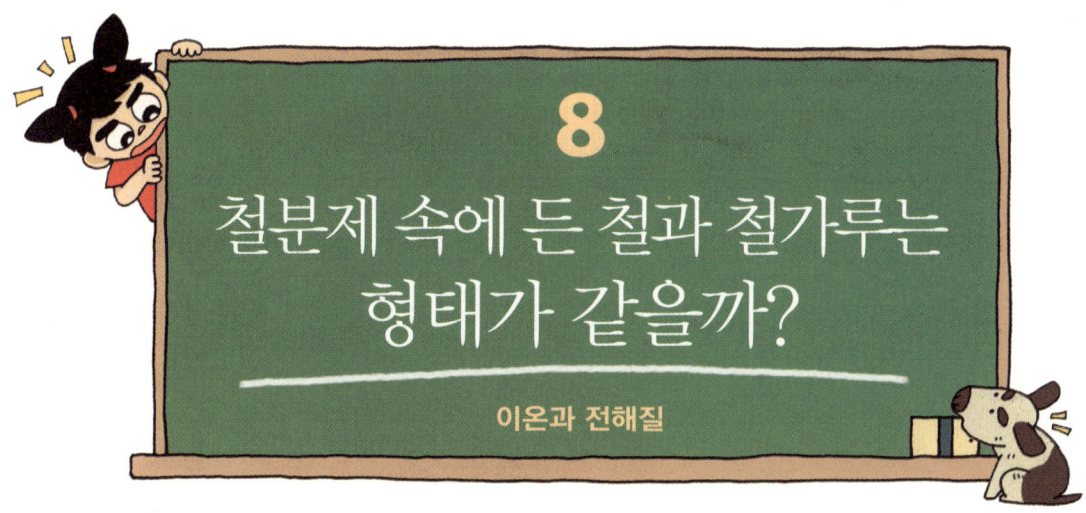

8
철분제 속에 든 철과 철가루는 형태가 같을까?

이온과 전해질

오늘은 소윤이 엄마의 건강 검진 날이에요. 병원에 가신 엄마는 먼저 피검사를 받기로 했어요. 의사 선생님이 주사기를 가지고 오자, 엄마를 지켜보던 소윤이도 덩달아 긴장됐어요.

"조금 따끔하실 겁니다."

의사 선생님이 엄마의 팔에 주삿바늘을 꽂고, 피를 조금 뽑아냈어요. 소윤이는 무서운 주삿바늘도 피하지 않는 엄마가 용감하다고 생각했어요.

일주일 뒤에 검사 결과를 보니, 소윤이 엄마는 빈혈이었어요. '빈혈'이란 피가 부족하다는 뜻인데, 핏속 적혈구가 정상 수치 아래로 떨어진 상태를 말해요.

　우리 몸속 혈액은 적혈구, 백혈구, 혈소판, 혈장으로 이루어져 있어요. 이 가운데 적혈구는 온몸에 있는 세포에 산소를 운반하는 중요한 역할을 해요. 적혈구는 철을 포함하고 있는 헤모글로빈이라는 단백질로 이루어져 있어요. 이 헤모글로빈이 붉은색이기 때문에 혈액이 붉게 보인답니다.

　빈혈인 사람들에게는 철분이 많이 들어 있는 식품인 쇠고기, 돼지고기, 깻잎, 우유, 계란 등을 권해요. 경우에 따라 철분을 보충해 주는 약인 철분제를 먹기도 하죠. 그런데 철분제에 든 철과 철가루는 형태가 같을까요?

철분제 속에 든 철과 철가루는 형태가 같을까?

1. 철분제와 철가루에는 모두 철 성분이 있으므로 형태가 같다.
2. 철분제의 철과 철가루의 철은 형태가 다르다.

물질은 어떻게 분류할까?

우리는 지금까지 물질을 고체, 액체, 기체 상태로 분류하고, 여러 물질의 성질과 그 변화에 대해 알아봤어요. 이번에는 물질을 이루는 성분의 수와 각 성분들이 섞인 정도에 따라 구분해 볼까요?

> 흙탕물, 막걸리, 소금, 소금물, 설탕물, 물, 순금, 공기, 산소, 이산화탄소

먼저 위의 물질들을 한 가지 성분으로 이루어진 것과 두 가지 성분 이상으로 이루어진 것으로 구분해 볼게요.

한 가지 성분으로 이루어진 것	두 가지 성분 이상으로 이루어진 것
소금, 물, 순금, 산소, 이산화탄소	흙탕물, 막걸리, 소금물, 설탕물, 공기
↓	↓
순물질	혼합물

한 가지 물질로만 이루어진 것을 '순물질'이라고 하고, 순물질이 두 가지 이상 섞여 있는 것을 '혼합물'이라고 해요. 그러면 순물질과

혼합물을 다시 어떻게 분류할 수 있을까요?

순물질은 구성하는 원소가 한 가지인 것과 두 가지 이상인 것으로 나눌 수 있어요. 한 가지 원소로 구성된 순금이나 산소처럼 어떤 화학 변화로도 더 이상 분리할 수 없는 물질의 기본 성분을 '원소'라고 해요. 그리고 원소가 두 가지 이상 일정하게 결합해서 만들어진 물질을 '화합물'이라고 해요. 물은 수소와 산소가, 이산화탄소는 산소와 탄소가, 소금은 나트륨과 염소가 결합한 화합물이랍니다.

혼합물은 물질이 섞여 있는 비율이 어느 부분에서나 고른 '균일 혼합물'과, 물질이 섞여 있는 비율이 부분에 따라 다른 '불균일 혼합물'로 나눌 수 있어요. 설탕이 물에 완전히 녹은 설탕물은 균일 혼합물이고, 흙의 일부는 가라앉고 일부는 물에 떠 있는 흙탕물은 불균일 혼합물이에요.

이온이란?

돌턴은 원자 이론에서 원자가 더 이상 쪼개지지 않는다고 주장했지만, 시간이 흐른 뒤 원자는 원자핵과 전자로 이뤄졌다는 사실이 밝혀졌어요.

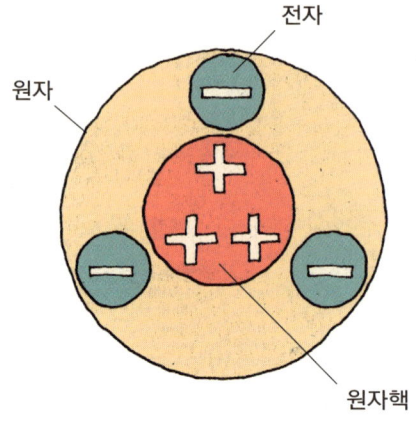

원자의 중심에 있는 원자핵은 (+)전하를 띠는 양성자와 전하를 띠지 않는 중성자로 이루어져 있어요. 원자핵 주변에 있는 전자는 (-)전하를 띤 입자인데, 다른 원자로 이동할 수 있죠. 원자는 원자핵에 있는 (+)전하와 전자에 있는 (-)전하의 양이 같아서 전기를 띠지 않고 중성이에요.

그런데 전자가 다른 원자로 이동하면 전기를 띠는 입자가 생기는데, 이를 '이온'이라고 해요. 중성이었던 원자가 (-)전하를 띠는 전자를 잃으면, (+)전하를 띠게 돼요. 이때 전자를 잃어 (+)전하를 띠는 입자를 '양이온'이라고 해요.

중성인 원자가 전자 한 개를 잃으면 +1가인 양이온이 되고, 전자 두 개를 잃으면 +2가인 양이온이 되죠. 수소 원자가 전자를 하나 잃으면 +1가 양이온인 수소 이온(H^+)이 되고, 구리 원자가 전자를 두 개 잃으면 +2가 양이온인 구리 이온(Cu^{2+})이 됩니다.

반대로 전자를 얻어 (-)전하를 띠는 입자를 '음이온'이라고 해요. 중성인 원자가 전자 한 개를 얻으면 -1가 음이온이 되고, 전자 두

양이온의 형성 과정

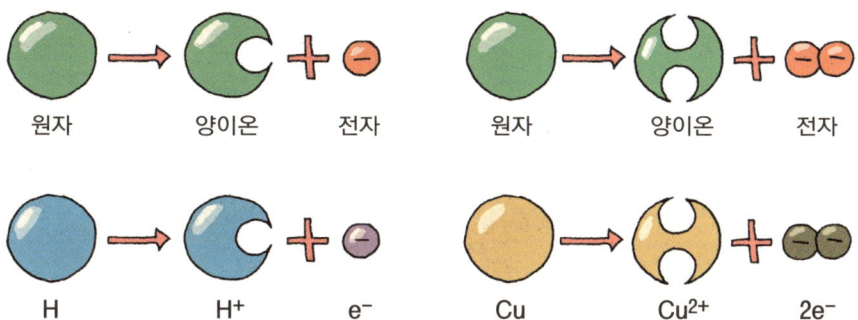

개를 얻으면 -2가 음이온이 돼요. 염소 원자가 전자를 하나 얻으면 -1가 음이온인 염화 이온(Cl^-)이 되고, 황 원자가 전자를 두 개 얻으면 -2가 음이온인 황화 이온(S^{2-})이 되겠죠?

음이온의 형성 과정

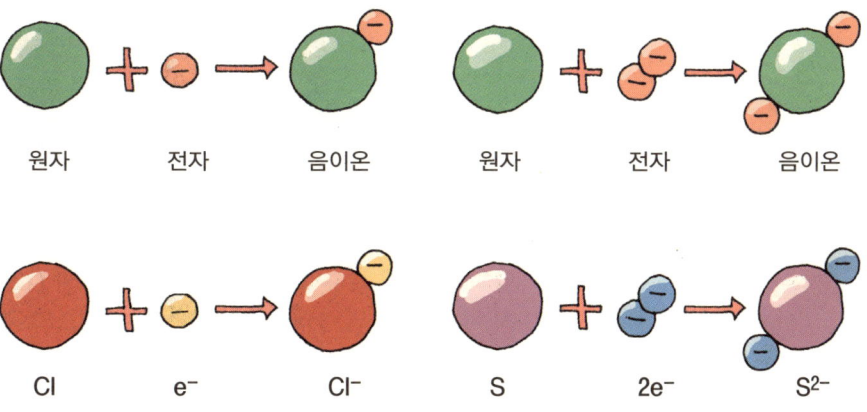

177

이온은 원소기호의 오른쪽 위에 잃었거나 얻은 전자 수와 전하 종류를 표시해 나타내요.

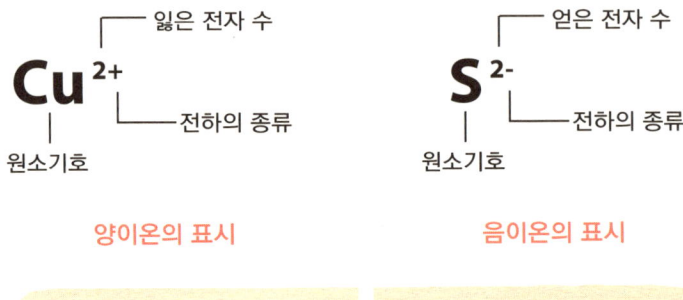

양이온의 표시   음이온의 표시

양이온의 예		음이온의 예	
H^+	수소 이온	Cl^-	염화 이온
Na^+	나트륨 이온	Br^-	브롬 이온
K^+	칼륨 이온	I^-	요오드 이온
Mg^{2+}	마그네슘 이온	OH^-	수산화 이온
Ca^{2+}	칼슘 이온	NO_3^-	질산 이온
Cu^{2+}	구리 이온	SO_4^{2-}	황산 이온
Zn^{2+}	아연 이온	CO_3^{2-}	탄산 이온

그러면 처음에 나왔던 문제에 대해 생각해 볼까요? 철분제 속에 든 철과 철가루의 철이 형태가 같은지 묻는 문제였어요.

철분제에는 철 이온이 철 화합물 형태로 들어 있어요. 철분제가 물에 녹으면 철 이온이 생성되므로 철분제를 먹으면 우리 몸에서 철 이온을 쉽게 흡수할 수 있어요. 철분제를 먹을 때는 녹차나 홍차, 감을 함께 먹으면 안돼요. 녹차, 홍차, 감 등에 들어 있는 탄닌산이 철 이온과 결합해 앙금을 만들어서 철 이온이 흡수되는 것을 방해하거든요.

철가루의 철은 철분제의 철 이온과 달리 원자 상태예요. 같은 원소라도 이온화 상태에 따라 다른 형태로 존재한답니다. 원자 상태인 철은 우리 몸에서 흡수할 수 없어요. 그렇다면 사람이 철가루를 먹으면 어떻게 될까요?

우리가 음식을 먹으면, 음식물은 식도를 지나 위에 도착해요. 위에서는 단백질 소화를 돕고 살균 작용을 하는 염산이 분비돼요. 위에 도착한 철가루는 염산에 의해 철 이온으로 변해요. 그러나 철가루를 많이 먹으면 염산이 철을 철 이온으로 변화시키는 데 쓰여서 다른 음식물이 잘 소화되지 않아요. 그래서 위장 장애를 일으킬 수도 있죠. 그뿐만 아니라 철은 중금속의 일종이므로 철가루를 많이 먹으면 몸에 축적돼서 건강을 심각하게 해칠 수도 있어요. 따라서 철분제 대신 철가루를 먹는 일은 없어야겠죠?

이번에는 이온결합에 대해 알아볼게요. 전자가 다른 원자로 이동할 때 생기고 전기를 띠는 입자가 이온이라고 했죠? 나트륨(Na)이 전자를 잃으면 Na^+ 이온이 되고, 이 전자를 염소(Cl)가 얻으면 Cl^- 이온이 돼요. 양이온이 띠는 (+)전하와 음이온이 띠는 (-)전하 사이에는 서로 끌어당기는 힘인 인력이 작용해요. 그래서 Na^+ 이온과 Cl^- 이온은 결합해서 염화나트륨(NaCl)을 형성한답니다. 이처럼 양이온과 음이온이 전하 사이에 끌어당기는 힘 때문에 결합하는 현상을 '이온결합'이라고 해요.

전해질과 비전해질

전류는 고체인 금속에만 흐르는 것이 아니라 액체 속에서도 흐를 수 있어요. 액체에서 어떻게 전류가 흐를 수 있을까요?

거름종이를 투명한 질산칼륨 수용액에 적시고 그 위에 과망간산 칼륨 수용액과 황산구리(II) 수용액을 따로 떨어뜨려요. 거름종이를 전기 회로에 연결하고 시간이 지나면 어떻게 될까요?

파란색 황산구리 수용액의 구리 이온(Cu^{2+})은 (-)극으로, 보라색 과망간산칼륨 수용액의 과망간산 이온(MnO_4^{2-})은 (+)극으로 움직여

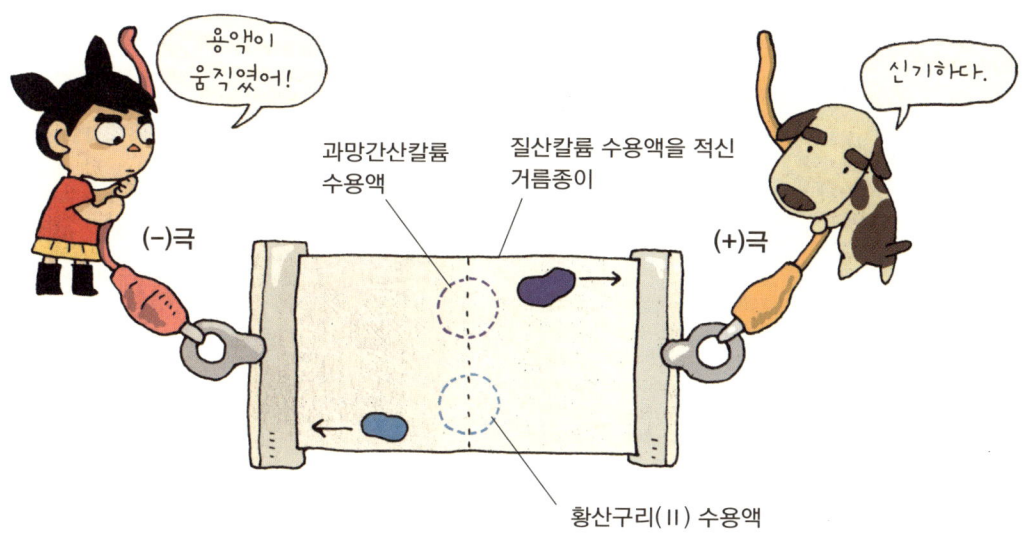

요. 액체 속에 있는 이온은 전하를 띠는 입자이므로 자유롭게 움직일 수 있거든요. 결국 액체 속에서 (+)이온은 (-)극으로, (-)이온은 (+)극으로 이동해서 전류가 흐를 수 있는 것이랍니다.

이처럼 액체에 전류가 흐르려면 물질이 용매에 녹아 이온으로 나누어져야 해요. 용매에 녹아 전류를 흐르게 하는 물질을 '전해질'이라고 해요. 전해질이 녹으면 양이온과 음이온으로 나뉘어 양이온은 (-)극으로, 음이온은 (+)극으로 이동하죠.

염화나트륨($NaCl$), 황산구리($CuSO_4$), 수산화나트륨($NaOH$), 아세트산(CH_3COOH) 등이 바로 전해질이에요. 염화나트륨을 물에 녹

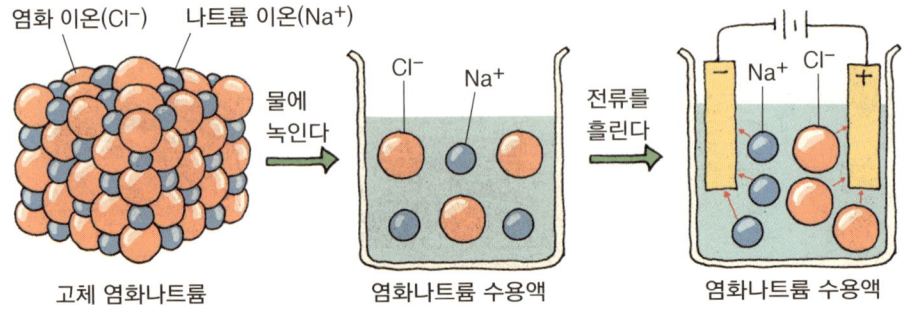

인 염화나트륨 수용액, 즉 소금물에는 Na⁺ 이온과 Cl⁻ 이온이 있으므로 전류가 흐른답니다.

전해질은 용매에 녹았을 때 전류의 세기가 센 것과 약한 것이 있어요. 전해질이 용매에 녹아 이온으로 나뉘는 정도가 다르기 때문이에요. 용매에서 이온으로 나뉘는 정도가 큰 물질이 녹으면, 양이온과 음이온 수가 많아져요. 전하를 띠는 이온의 수가 많을수록 전류가 더 많이 흐르므로 이런 물질을 '강한 전해질'이라고 하죠.

강한 전해질에는 염화나트륨(NaCl), 수산화나트륨(NaOH) 등이 있어요. 그리고 용매에서 이온으로 나뉘는 정도가 작은 물질은 '약한 전해질'이라고 해요. 아세트산(CH_3COOH), 암모니아(NH_3), 탄산(H_2CO_3)등이 약한 전해질이에요.

용매에 녹아도 전류가 통하지 않는 물질은 '비전해질'이라고 해

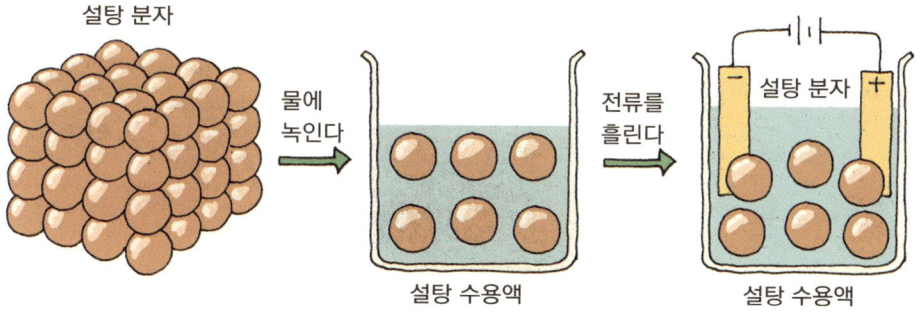

요. 설탕이나 포도당, 기름 같은 물질은 물에 녹아도 전하를 띠지 않는 분자 상태이기 때문에 비전해질이에요.

그런데 전해질이 액체 상태일 때는 전류가 흐르는데, 고체 상태에서는 왜 전류가 흐르지 않을까요? 고체 상태일 때는 양이온과 음이온이 매우 강하게 결합해 있어서 이온들이 자유롭게 이동하지 못하기 때문이에요.

앙금 생성 반응

사이다를 마실 때 톡 쏘는 듯 느껴지는 것은 사이다에 이산화탄소 기체가 녹아서 생긴 탄산 이온이 들어 있기 때문이에요. 사이다에서 나오는 이산화탄소 기체를 모아 석회수에 넣으면, 석회수가 뿌옇게 흐려지는 것을 볼 수 있어요.

석회수는 수산화칼슘을 물에 녹인 용액이에요. 석회수에는 칼슘 이온(Ca^{2+})이 들어 있죠. 이산화탄소 기체는 물에 녹으면 탄산 이온(CO_3^{2-})을 생성해요. 칼슘 이온(Ca^{2+})과 탄산 이온(CO_3^{2-})이 만나면 흰색 앙금인 탄산칼슘($CaCO_3$)이 생겨요. 석회수가 뿌옇게 흐려지는 것은 바로 이 탄산칼슘 앙금 때문이랍니다.

탄산칼슘처럼 물에 녹지 않는 고체 물질인 앙금을 생성하는 반응에는 여러 가지가 있어요. 이번에는 염화나트륨 수용액에 질산은 수용액을 섞어 볼게요. 염화나트륨 수용액과 질산은 수용액은 모두 투명한데, 두 가지 수용액을 섞으면 물에 녹지 않는 흰색 앙금이 생겨요. 이 흰색 앙금은 바로 염화은이에요. 염화나트륨 수용액

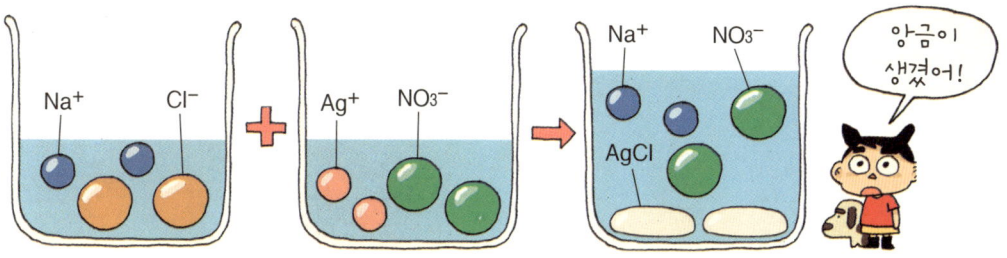

의 염소 이온(Cl^-)과 질산은 수용액의 은 이온(Ag^+)이 만나 염화은($AgCl$)을 형성한 거예요. 이 반응을 아래처럼 화학반응식으로 나타낼 수 있어요.

$$NaCl + AgNO_3 \rightarrow AgCl + NaNO_3$$
염화나트륨 질산은 염화은 질산나트륨

화학반응에 실제로 참여한 이온만으로 화학반응식을 나타내면 아래와 같은데, 이를 '알짜이온 반응식'이라고 해요.

$$Ag^+(aq) + Cl^-(aq) \rightarrow AgCl(s)$$
은 이온 염화 이온 염화은

나트륨 이온이나 질산 이온처럼 화학반응에 참여하지 않는 이온은 '구경꾼이온'이라고 한답니다.

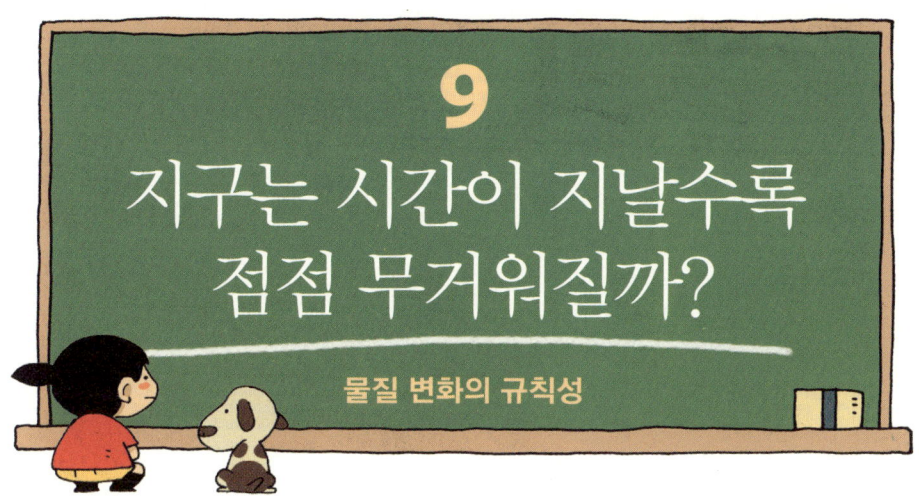

9
지구는 시간이 지날수록 점점 무거워질까?
물질 변화의 규칙성

2008년에 태어난 신생아들의 기대 수명이 80세를 넘어섰다고 해요. 기대 수명은 어떤 해에 태어난 사람들이 앞으로 살아갈 것이라고 기대하는 나이예요. 의학이 발달하면서 사람들의 수명은 점점 길어지고 있어요. 또한 해마다 아이들이 태어나서 인구의 수도 점점 늘어나고 있죠.

그런데 지구에는 사람뿐만 아니라 많은 것들이 날마다 새로 생겨나고 있어요. 공장에서는 예전에 없던 자동차나 휴대전화 등 많은 제품을 만들어요. 그 가운데는 수백 명이 탈 수 있는 커다란 비행기나 배도 있죠. 도시에는 높은 건물이 들어서고, 지하철이 다니지 않던 지역에도 선로를 깔아 많은 사람이 지하철을 타고 다니기도 해요.

그런가 하면 봄에는 싹만 틔우던 나무에 여름이 되면 초록빛 잎사귀가 무성하게 자라요. 가을이면 따사로운 햇살 아래 열매도 탐스럽게 맺히고요. 곤충이나 물고기는 알을 낳고, 고양이나 개 같은 동물들은 새끼를 여러 마리 낳아 키우죠.

그런데 이렇게 시간이 지날수록 사회와 자연이 변하면서 지구에 뭔가 자꾸 생겨난다면, 지구는 언젠가 지금보다 무거워지지 않을까요?

지구에 뭔가 계속 생겨나면, 지구는 시간이 지날수록 점점 무거워질까?

① 인구가 늘어나고 물건을 많이 생산하기 때문에 지구는 점점 무거워진다.

② 우리가 자원 재활용에 앞장서고 있으므로 지구는 점점 가벼워진다.

③ 인간과 사회, 자연이 변화해도 지구의 질량은 변하지 않는다.

물리변화와 화학변화

우리 주위에 있는 많은 물질은 다양하게 변해요. 어떤 물질은 여러 번 변화해서 다시 원래 상태로 돌아오기도 하죠. 달걀에 일어나는 여러 가지 변화를 함께 살펴볼까요?

(1) 달걀 껍데기를 깬다.
(2) 깬 달걀을 달군 팬에서 익혀 달걀부침을 만든다.
(3) 달걀부침을 반으로 나눈다.
(4) 달걀을 식초에 담가 껍데기를 녹여서 초란으로 만든다.

(1)번과 (3)번에서는 달걀 껍데기와 달걀부침의 겉모양이 변했어요. (2)번과 (4)번은 물질의 성질 자체가 변화하는 경우예요. (2)번처럼 달걀을 가열하면 출렁이던 흰자와 노른자가 단백질의 열변성에 의해 단단한 물질로 변해요. 달걀에는 단백질이 많이 들어 있는데, 단백질은 열을 가하면 단단하게 변하거든요.

(4)번에서는 딱딱한 달걀 껍데기가 식초에 녹아 눈에 보이지 않게 돼요. 달걀 껍데기는 탄산칼슘으로 구성되는데, 탄산칼슘이 식초의 아세트산과 반응하면 아세트산칼슘, 이산화탄소, 물로 변해요. 아세트산칼슘은 물에 녹아 눈에 보이지 않게 되고, 이산화탄소는 기체가 되어 공기 중으로 날아가요. 결국 달걀을 식초에 담그면 달걀 껍데기가 없어지는 것처럼 보이지만, 달걀 껍데기의 탄산칼슘이 아세트산과 반응해 새로운 물질로 변한 것이랍니다.

이처럼 물질에 일어나는 변화는 크게 두 가지로 구분할 수 있어요. 물질 자체는 변하지 않으면서 물질의 상태나 겉모양이 변하는 것을 '물리변화'라고 하고, 물질이 새로운 물질로 변하는 것을 '화학변화'라고 해요. (1)번과 (3)번은 겉모습이 변한 물리변화이고, (2)번과 (4)번은 물질의 성질이 변한 화학변화예요.

물리변화에서는 물질을 이루는 입자 사이의 간격이 변할 뿐이지만, 화학변화에서는 물질을 이루는 원자들이 다시 배열되어 결합하고 새로운 물질이 생겨요. 화학변화에서 반응을 일으키는 물질을 '반응물'이라고 하고, 새롭게 생겨난 물질을 '생성물'이라고 해요. 즉, 반응물이 생성물이 되는 것을 '화학변화'라고 하는데, 이를 '화학반응'이라고도 한답니다.

물질의 모양이나 부피, 크기가 변하는 것과 고체, 액체, 기체 등으로 상태가 변하는 것이 물리변화예요. 커다란 케이크를 잘라 여러 조각으로 나누는 것을 예로 들 수 있어요. 물이 끓어 수증기로 변하거나 고체인 드라이아이스가 기체로 승화하는 것, 아이스크림이 녹는 것 등도 물리변화랍니다.

물질이 산소와 결합해 새로운 물질로 변하는 연소 반응, 고체나 액체 물질이 반응해 기체가 생성되는 기체 발생 반응, 액체 물질끼리 만나 고체 앙금을 만드는 앙금 생성 반응 등은 화학변화예요. 주변에서 쉽게 볼 수 있는 화학변화의 예를 들어 볼까요? 김치가 발효하는 것, 깎아 놓은 사과의 색이 변하는 갈변 현상, 못이 녹스는 산화 현상 등이 바로 화학변화예요. 어때요, 우리 주위에서 물리변화와 화학변화의 예를 쉽게 찾아볼 수 있죠?

여러 가지 화학반응

화학반응은 반응물과 생성물 사이에 일어나는 원자 배열 변화에 따라 화합, 분해, 치환으로 구분할 수 있어요.

먼저 '화합'은 물질이 두 가지 이상 결합해 화합물을 생성하는 반응이에요. 시험관에 철과 황을 넣고 가열하면 서로 결합해 황화철이 되고, 수소 기체와 산소 기체를 용기에 넣고 전기를 흘리면 수소와 산소가 결합해 물이 돼요. 또 구리를 연소시키면 산소와 결합해 산화구리가 되는 반응 역시 화합의 예랍니다.

$$Fe + S \rightarrow FeS$$
철　　황　　황화철

$$2H_2 + O_2 \rightarrow 2H_2O$$
수소　　산소　　물

$$2Cu + O_2 \rightarrow 2CuO(II)$$
구리　　산소　　산화구리(II)

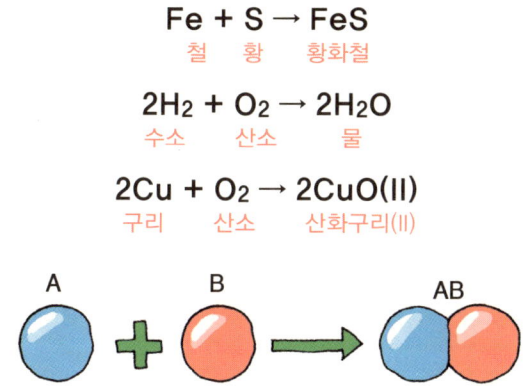

'분해'는 한 가지 화합물이 나뉘어 두 가지 이상의 물질로 변하는 반응이에요. 그러면 화합물을 어떻게 분해할 수 있을까요?

물을 전기 분해하면 수소 기체와 산소 기체로 나뉘어요. 또 가열해서 분해하는 방법도 있어요. 흔히 '달고나'라고 부르는 설탕 과자를 만들 때는 설탕을 녹인 다음 베이킹 소다를 넣어요. 베이킹 소다는 주로 탄산수소나트륨으로 이루어져 있는데, 탄산수소나트륨을 가열하면 탄산나트륨, 물, 이산화탄소로 분해돼요. 이 가운데 바로 이산화탄소 기체 때문에 설탕 과자가 부풀어 오르는 것이랍니다.

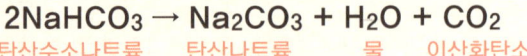

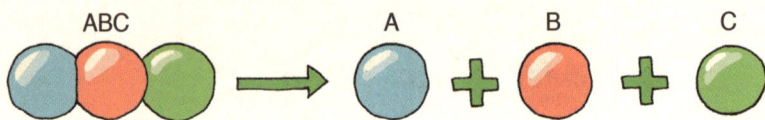

그런가 하면 과산화수소는 열을 가하지 않고 그대로 두어도 천천히 물과 산소 기체로 분해되는 성질이 있어요.

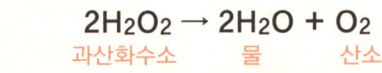

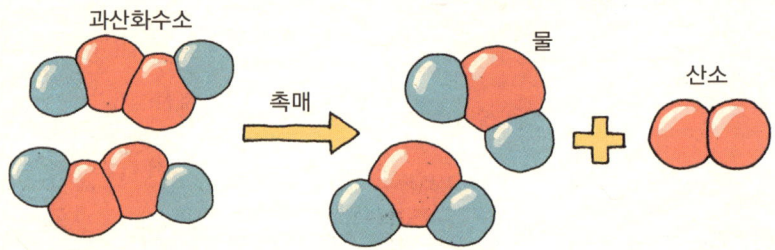

그런데 과산화수소에 이산화망간이나 요오드화칼륨 같은 물질을 넣어 주면 빠르게 물과 산소 기체로 분해돼요. 이산화망간이나 요오드화칼륨처럼 자신은 반응하지 않고 반응 속도를 빠르게 하거나 느리게 만드는 물질을 '촉매'라고 해요.

'치환'은 두 가지 이상의 반응물 사이에 원자가 재배열되어 새로운 물질이 생성되는 반응이에요.

묽은 염산에 마그네슘 금속을 넣으면 수소 기체가 발생하고 염화마그네슘이 생성되는 것을 볼 수 있어요.

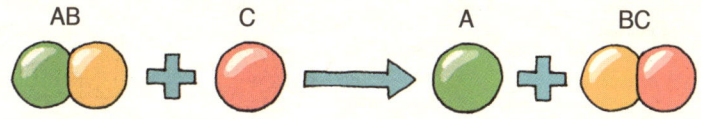

연소반응 뒤에 질량의 변화는?

옛날에는 방 안을 따뜻하게 하기 위해 장작을 태웠어요. 무거운 장작을 아궁이에 넣고 태우면 재가 남아요. 그런데 재는 장작보다 훨씬 가벼워요. 어떤 물질이 산소와 결합해 빛과 열을 내는 현상이 연소라고 했죠?

나무를 태우면 나무에 들어 있는 탄소가 산소와 결합해 이산화탄소 기체가 되고, 수소는 산소와 결합해 수증기가 되어 날아가요. 나무는 연소한 뒤에 재만 남기 때문에 질량이 작아지는 거예요.

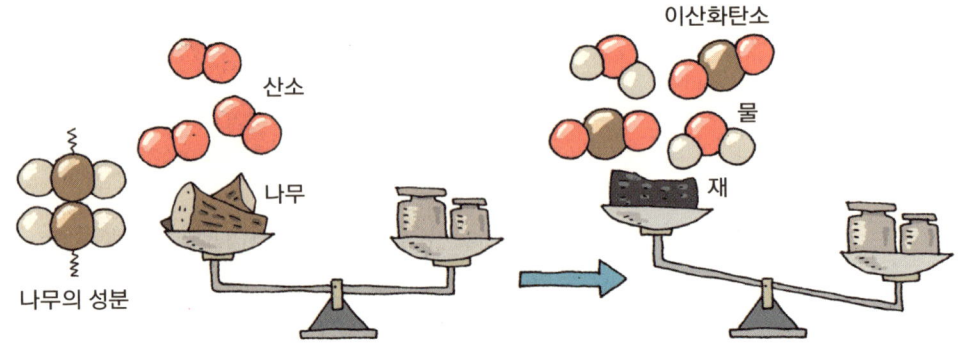

만약 아래 그림처럼 닫힌 용기에서 나무를 연소시킨다면, 연소한 뒤에 생긴 이산화탄소와 수증기가 용기 안에 들어 있으므로 저울의 평형은 유지될 거예요. 즉, 연소 전의 반응물과 연소 후에 생긴 생성물의 질량이 같겠죠.

이번에는 강철솜을 연소시킬 때 질량이 어떻게 변할지 생각해 볼까요? 강철솜을 연소시키면 철이 산소와 결합해 산화철이 형성돼요. 결국 철의 질량은 연소하면서 결합한 산소의 질량만큼 증가하죠.

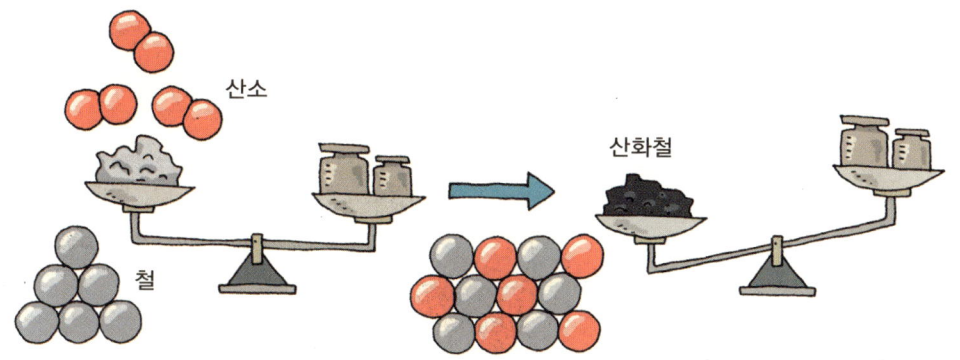

만약 아래처럼 닫힌 용기에서 철을 연소시킨다면 어떻게 될까요? 반응물인 철과 산소 기체가 모두 용기 안에 있고, 생성물인 산화철 역시 용기 안에 들어 있으므로 저울의 평형은 변하지 않을 거예요. 즉, 반응물과 생성물의 질량이 같겠죠?

기체 발생 반응과 질량의 변화

탄산수소나트륨이 열에 의해 분해되면 이산화탄소 기체가 생긴다고 했어요. 그런데 용기에 탄산수소나트륨을 넣고 식초를 부어도 이산화탄소 기체가 생기는 것을 볼 수 있어요. 식초에 4% 정도 들어 있는 아세트산이 탄산수소나트륨과 반응해 이산화탄소 기체를 생성하거든요.

$$NaHCO_3 + CH_3COOH \rightarrow CH_3COONa + CO_2 + H_2O$$
탄산수소나트륨　　　아세트산　　　　아세트산나트륨　　이산화탄소　　　물

이때 용기 안에 있는 물질의 질량은 어떻게 변할까요?

탄산수소나트륨과 식초가 반응하는 용기가 열려 있다면, 생성물인 이산화탄소 기체가 공기 중으로 퍼져 나가 질량이 점점 작아질 거예요. 그렇다면 용기가 닫혀 있을 때의 질량도 알 수 있겠죠? 이산화탄소 기체가 바깥으로 빠져나오지 못하므로 반응물과 생성물의 질량이 같을 거예요.

앙금 생성 반응 뒤에 질량은 어떻게 변할까?

우유를 살 때는 유통기한을 잘 살펴봐야 해요. 유통기한이 지나거나 냉장 보관을 제대로 하지 않으면 우유팩이 부풀어 오르고, 우유에 덩어리가 생기기도 해요. 그런데 덩어리가 생기면 우유의 질량은 어떻게 변할까요? 우유에 없던 고체 덩어리가 생겼으니까 질량이 증가할까요?

우유 덩어리는 우유의 성분이 화학변화해서 생긴 거예요. 그래서 우유의 전체 질량은 변하지 않아요. 화학반응에서 여러 가지 앙금이 생성되더라도 질량은 변화하지 않는답니다.

$NaHCO_3$ + $CaCl_2$ → $CaCO_3$ + $NaCl$
탄산수소나트륨 염화칼슘 탄산칼슘 (흰색 앙금) 염화나트륨

반응물과 생성물의 질량 관계

독일의 화학자 슈탈은 나무를 태우면 '플로지스톤'이라는 물질이 빠져나가기 때문에 질량이 작아지고, 강철솜 같은 금속은 음(-)의 질량을 가지는 플로지스톤이 빠져나가기 때문에 질량이 커진다고 주장했어요. 18세기 무렵 많은 사람은 슈탈의 플로지스톤설에 찬성했어요.

반면 라부아지에는 나무나 강철솜을 태우는 연소 반응은 반응물이 산소와 결합하는 것이라고 했어요. 라부아지에는 밀폐된 용기에서 실험을 해 줄어든 공기의 질량과 늘어난 금속의 질량이 거의 같다는 것을 입증했죠. 그리하여 사람들은 라부아지에의 의견을 받아들이게 됐어요.

장작이나 종이처럼 탄소나 수소를 포함한 물질이 연소하면, 연소 생성물인 이산화탄소 기체와 수증기가 공기 중으로 날아가고 재만 남아요. 따라서 재는 장작이나 종이보다 훨씬 가벼워요. 그러나 강철솜 같은 금속은 연소하면 산소와 결합해 금속산화물이 돼요. 따라서 금속산화물은 타기 전의 물질인 금속보다 더 무겁겠죠?

라부아지에는 물질에 변화가 일어날 때, 반응하기 전과 반응한

후에 총질량이 변하지 않는다고 했어요. 이를 '질량 보존의 법칙'이라고 해요. 물리변화이든 화학변화이든 질량 보존의 법칙이 성립해요. 반응하기 전과 반응 후에 원자가 없어지거나 새로 생기는 것이 아니라, 원자의 종류와 수가 그대로 보존되기 때문이에요. 지구에서는 여러 가지 반응이 끊임없이 일어나고 있어요. 그러면 지구 전체의 질량은 어떻게 변할지 생각해 볼까요?

일단, 지구에 우주로부터 다른 물질이 들어오지 않는다고 가정해요. 그리고 지구에서 우주로 쏘아 올리는 로켓이나 인공위성 등의 질량 변화는 무시하기로 해요. 그렇다면 지구에서 일어나는 모든 반응의 반응물과 생성물은 지구에 존재하죠. 반응물과 생성물의 질량은 같으므로, 지구에서 여러 가지 반응이 계속 일어난다고 하더라도 지구의 질량은 변하지 않아요.

인구가 많아지더라도 늘어난 인구는 지구에 있는 물질을 이용해 생활하므로 지구의 질량은 변하지 않아요. 또한 공장에서 새로운 물건을 많이 생산해도 지구에 있는 물질의 형태를 바꾸는 것일 뿐이므로 지구의 질량은 변하지 않고요.

녹색 식물이 광합성을 해 쑥쑥 자라는 과정에서도 반응물과 생성물의 질량이 같아요. 녹색 식물은 잎과 뿌리에서 이산화탄소와 물을 흡수한 뒤, 햇빛을 이용해 포도당과 산소를 만드는 광합성 작용을 해요. 이때에도 식물이 사용한 물과 이산화탄소의 질량은, 생성된 포도당과 산소의 질량과 같답니다. 거대한 지구에서 일어나는 여러 가지 반응에서 질량이 보존된다니 정말 신기하죠?

반응 물질 사이의 질량비는 어떻게 될까?

철가루와 황가루를 섞으면 철과 황의 혼합물이 됩니다. 이 혼합물은 철의 성질과 황의 성질을 그대로 가지고 있어요. 그런데 이 혼합물을 가열하면 '황화철'이라는 새로운 물질을 얻을 수 있어요. 황화철은 철의 성질도, 황의 설질도 아닌 새로운 성질을 띤답니다.

철가루 56g과 황가루 32g을 섞은 혼합물을 가열하면 황화철 88g을 얻을 수 있어요. 그렇다면 철가루 56g에 황가루 56g을 섞어서 가열하면 황화철이 얼마나 생길까요?

프랑스의 화학자 프루스트는 각 물질에 들어 있는 원소들의 질량비를 조사했어요. 프루스트는 자연에 있는 탄산구리와 실험실에서 만든 탄산구리 속 구리, 탄소, 산소의 질량비가 같다는 것을 발견했어요. 프루스트는 화합물을 구성하는 원소들 사이에 일정한 질량비가 있다는 '일정 성분비의 법칙'을 발표했어요. 화합물을 이루는 원소들은 일정한 비율로 결합하기 때문에, 그 원소들의 질량에도 일정한 비율이 성립하는 것이죠.

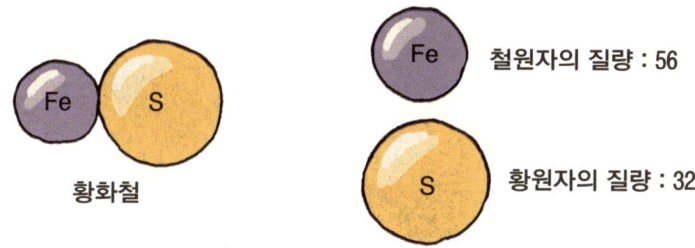

철과 황은 56 : 32 = 7 : 4의 질량비로 결합해요. 양이 일정한 철에 황을 아무리 많이 넣어도 황은 더 이상 결합하지 못하고 남는답니다. 따라서 철 56g에 황 56g을 넣어도 황은 32g 만큼만 반응하고, 황화철은 88g 생길 거예요.

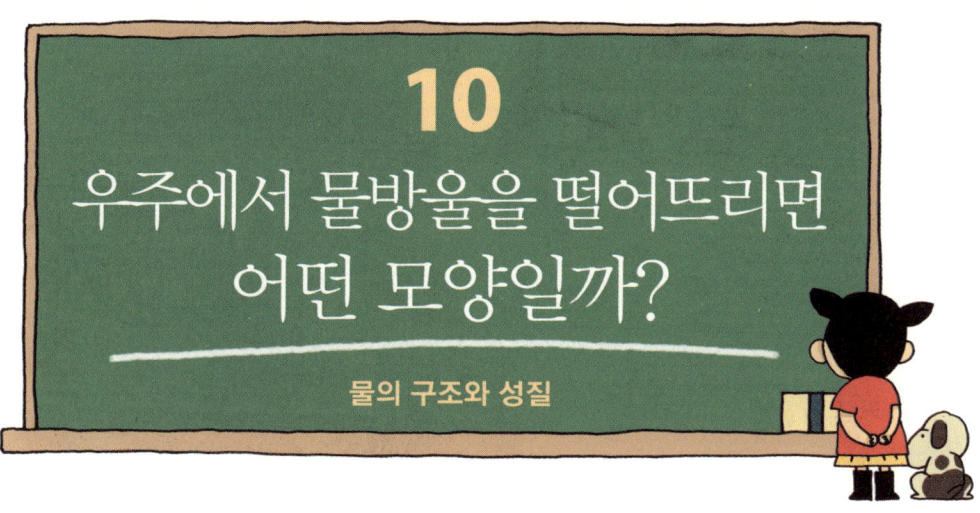

10
우주에서 물방울을 떨어뜨리면 어떤 모양일까?

물의 구조와 성질

여러분은 더운 날 오랫동안 물을 마시지 못해 힘들었던 적이 있나요? 사람의 몸은 70% 이상 수분으로 이루어져 있어요. 그래서 오랫동안 물을 마시지 못하면 생명이 위험해질 수도 있어요.

사람뿐 아니라 많은 생물의 생명을 유지하는 데 꼭 필요한 것이 바로 물이에요. 지구에 물이 있기 때문에 여러 생명체가 살아갈 수 있는 것이랍니다. 이렇게 소중한 물은 우주에서는 어떤 모양일까요?

2008년 4월 우리나라에서는 처음으로 우주인이 탄생했어요. 우주인으로 선정된 이소연 씨를 태운 우주선은 4월 8일 발사됐어요. 이소연 씨가 우주에 있는 동안 몇 가지 과학 실험을 하는 장면이 전국에 생중계되기도 했죠.

그 실험 가운데 하나는 우주선 안에서 물방울을 떨어뜨리는 것이었어요. 지구와 달리 중력이 작용하지 않는 우주 공간에서 물방울은 아래로 떨어지지 않고 허공을 둥둥 떠다녔답니다. 이소연 씨가 이 물방울을 먹는 장면은 정말 신기하고 재미있었어요.

여러분은 그 물방울의 모양을 보았나요? 우주선 안에서 물방울을 떨어뜨리면 어떤 모양이 될까요?

중력이 작용하지 않는 우주 공간에서 공중에 떠다니는 물방울은 어떤 모양일까?

 우주에서 물방울은 빗방울 모양이다.

② 우주에서 물방울은 동그란 모양이다.

③ 우주에서 물방울은 타원 모양이다.

물의 극성

풍선을 크게 불어 머리카락과 마찰시킨 다음 떼면, 머리카락이 풍선 쪽으로 달라붙어요. 풍선과 머리카락 사이에 정전기가 일어나기 때문이에요. 그러면 머리카락과 마찰시킨 풍선을 가는 물줄기에 가까이 대면, 물줄기는 어떻게 될까요?

물 분자는 수소 원자 두 개와 산소 원자 한 개가 결합해 있어요. 수소 원자와 산소 원자는 서로 전자를 공유하면서 결합하는데, 산소 원자가 수소 원자보다 전자를 끌어당기는 힘이 더 커요. 따라서 산소 원자의 일부는 음(-)전하를 띠고, 수소 원자의 일부는 양(+)전하를 띤답니다. 한 분자에서 일부는 음전하를, 다른 일부는 양전하를 띠는 성질을 '극성'이라고 해요. 극성을 띠지 않는 물질은 '무극성 물질'이라고 하고요.

머리카락과 풍선을 마찰시키면 머리카락에 있던 전자가 풍선 쪽으로 이동해요. 그래서 풍선은 음전하를 띠게 되죠. 이 풍선을 가는 물줄기에 가까이 대면, 물 분자에서 양전하를 띠는 수소 원자가 풍선 쪽으로 이끌리기 때문에 물줄기가 약간 휘어진답니다.

물의 수소결합

자석의 N극과 S극 사이에는 서로 끌어당기는 힘이 작용하는데, N극과 S극의 거리가 가까울수록 그 힘이 커져요. 이와 마찬가지로 분자 사이에도 서로 다른 전하를 띠는 부분끼리 끌어당기는 힘이 작용해요. 그리고 분자 사이의 거리가 가까울수록 그 힘이 커지죠.

물 분자에서 산소 원자는 음전하를 띠고, 수소 원자는 양전하를 띤다고 했어요. 물 분자의 산소 원자와 다른 물 분자의 수소 원자는 서로 끌어당겨 결합하는데, 이를 '수소결합'이라고 해요. 수소결합은 공유결합보다 약하다는 의미에서 점선으로 표시해요. '공유결합'이란 원자 두 개가 서로 전자를 내놓아 전자쌍을 형성하고, 이를 공유해 생기는 화학결합이에요.

물이 얼 때는 물 분자들 사이의 거리가 가까워지면서 물 분자 한 개에 다른 물 분자 네 개가 수소결합해 정사면체 구조가 됩니다. 이런 정사면체 구조가 계속 이어지면 빈 공간이 생기는 육각형 구조가 되죠.

얼음과 물에서 물 분자의 배열

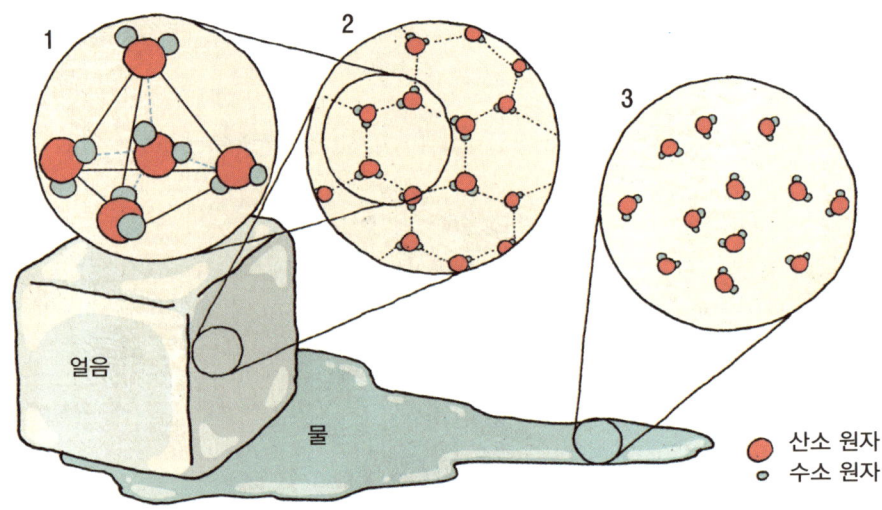

1. 온도가 낮아지면 물 분자의 수소 원자 2개가 각각 다른 물 분자의 산소 원자와 수소결합해 정사면체를 만든다.
2. 정사면체 구조가 연속해 이어지면 구멍이 뻥 뚫린 입체 구조가 되어 부피가 커진다.
3. 열을 가해 얼음을 녹이면 정사면체 구조가 무너져 부피가 줄어든다.

물 분자들 사이에 수소결합이 형성되기 때문에 물은 다른 액체와 달리 독특한 성질을 가지고 있어요. 물이 고체 상태로 변하면 부피가 커진다는 사실을 알고 있죠? 그 이유는 바로 물 분자들이 육각형 구조로 배열되면서 빈 공간이 생기기 때문이에요. 물보다 얼음의 부피가 더 크기 때문에 얼음의 밀도는 물보다 작아요. 따라서 얼음은 물 위에 뜨죠.

호수의 물이 표면에서부터 어는 이유도 밀도 차이로 설명할 수 있어요. 날씨가 추워지면 호수 표면에서 물의 온도가 낮아져요. 그래서 호수 표면에서는 물의 밀도가 커져서 찬물이 아래쪽으로 가라앉고, 밀도가 작은 아래쪽의 따뜻한 물이 위로 올라와요. 이 같은 대류 현상은 아래쪽 물의 온도가 4℃가 될 때까지 일어나고요. 외부 온도가 4℃ 이하가 되면 호수 표면에서 물의 밀도는 점점 작아져서 아래로 가라앉지 않고 얼게 돼요. 물의 밀도는 4℃일 때 최대인 $1g/cm^3$가 되거든요.

물의 온도가 4℃보다 낮아지면, 물의 밀도는 $1g/cm^3$보다 작아져요. 따라서 아래쪽의 물의 온도가 4℃이고, 위쪽 물의 온도가 4℃보다 낮아질 때에는 아래쪽 물의 밀도가 $1g/cm^3$이고, 위쪽 물의 밀도가 그보다 작으므로 위쪽 물이 아래쪽으로 내려갈 수 없어요. 그래서 아래쪽에 있는 물은 4℃를 유지하고, 위쪽 물은 점점 냉각되어 얼음이 되는 것이죠.

흔하지만 독특한 물

1기압일 때 물을 가열하면 100℃에서 끓어요. 그러면 양이 같은 물과 식용유를 같은 화력으로 끓이면 온도가 같을까요?

물과 식용유 모두 같은 양을 같은 화력으로 끓였으니 온도가 같을 거라고 생각할 수도 있어요. 그런데 이 실험에서는 식용유의 온도가 물보다 훨씬 높답니다. 물은 분자들이 수소결합하고 있기 때문에 식용유에 비해 온도가 쉽게 올라가지 않거든요.

어떤 물질 1g을 1℃ 높이는 데 필요한 열을 '비열'이라고 해요. 물은 다른 액체에 비해 비열이 높은 편이에요. 아래 표는 여러 가지 액체의 비열(단위 : cal/g,℃)을 나타낸 것이에요. 비열은 온도에 따라 조금씩 달라진다는 사실을 알 수 있죠?

물질	0℃	20℃	40℃
물	1.0079	0.9994	0.9986
메탄올	0.566	0.591	0.616
아세톤	0.506	0.521	0.536
에탄올	0.535	0.570	0.623
아세트산	0.486	0.488	0.507
수은	0.0335	0.0333	0.0332

물은 다른 액체 물질보다 비열이 크네요. 물은 비열이 크기 때문에 다른 액체보다 데우기도 어렵고, 식히기도 어려워요. 그래서 물을 많이 포함하고 있는 사람의 몸도 일정한 온도를 유지할 수 있는

것이랍니다.

해안 지방에서는 낮이면 바다에서 육지 쪽으로 해풍이 불고, 밤이면 육지에서 바다로 육풍이 불어요. 이는 물과 땅의 비열 차이로 설명할 수 있어요. 물의 비열이 땅의 비열보다 더 크기 때문에 태양이 비추는 낮에는 바다가 육지보다 천천히 가열돼요. 육지에서 뜨거워진 공기가 상승하면 지표 위에서는 기압이 작아지므로 저기압이 형성되고, 상승한 공기가 순환해 내려오는 바다 위에는 기압이 커지므로 고기압이 형성되죠.

'저기압'은 주변에 비해 기압이 낮은 상태를, '고기압'은 주변에 비해 기압이 높은 상태를 의미해요. 공기는 고기압에서 저기압으로 이동하기 때문에 낮에는 바다에서 육지 쪽으로 공기가 이동하는 해풍이 불어요.

낮 - 해풍

밤 - 육풍

반대로 밤에는 바다가 육지보다 더 천천히 식어요. 그러면 바다 위에는 상승 기류가 생겨 저기압이 형성되고, 육지 위에는 하강 기류가 생겨 고기압이 형성되겠죠? 그래서 밤에는 육지에서 바다 쪽으로 공기가 이동하는 육풍이 부는 거예요. 어때요, 물의 비열을 알고 나니 해풍과 육풍이 부는 이유도 쉽게 알 수 있죠?

아래 표는 여러 가지 액체 물질의 녹는점과 끓는점을 나타낸 것이에요.

물질	녹는점(℃)	끓는점(℃)
메탄올	-97.8	64.6
에탄올	-117.3	78.5
아세톤	-94.6	56.1
글리세린	-20	290
시크로헥산	6.0	80
물	0	100

물은 다른 액체 물질과 비교해 녹는점과 끓는점이 높은 편이라는 것을 알 수 있죠? 이처럼 물의 녹는점이나 끓는점이 높은 것 역시

물 분자들이 강한 수소결합을 형성하기 때문이에요. 얼음은 녹는점에서 물로 변하고, 물은 끓는점에서 수증기로 변해요. 분자들 사이의 강한 수소결합을 끊고 상태가 변화하려면 많은 에너지가 필요하기 때문에 물의 녹는점과 끓는점이 높은 거예요. 물이 수증기로 상태변화하는 것을 기화라고 하죠? 아래 표는 액체 1g이 기화할 때 흡수하는 열인 기화열을 나타낸 거예요.

물질	물	에탄올	메탄올	톨루엔
기화열(cal/g)	539.8	200	263	86

물의 기화열이 큰 이유도 수소결합 때문에 수증기로 변할 때 에너지가 많이 필요해서랍니다.

물의 표면장력

액체는 담는 그릇 모양에 따라 그 모양이 달라져요. 물은 넓은 대접에 담으면 넓적하게 변하고, 원형 컵에 담으면 원기둥 모양으로 변해요. 그러면 물이 가득 차 있는 컵에 클립을 하나씩 넣으면 어떻게 될까요?

　물이 가득 차 있으니, 클립을 넣자마자 넘쳐흐를 것 같죠? 그런데 신기하게도 클립을 넣으면 물은 흘러넘치지 않고 표면만 볼록해진답니다. 동전 위에 물을 한 방울씩 떨어뜨릴 때도 물의 표면이 볼록해지는 것을 볼 수 있어요.

　분자들 사이에는 끌어당기는 힘이 작용한다는 사실을 알고 있죠? 물이 가득 찬 컵에서 안쪽에 있는 물 분자는 주위를 둘러싼 모든 물 분자들과 서로 끌어당겨 수소결합을 형성해요. 그런데 물의 표면에 있는 분자는 위쪽에 물 분자가 없기 때문에 끌어당기는 힘이 아래

쪽으로만 작용해요. 결국 물은 표면적을 작게 만들려는 성질을 가지게 된답니다.

액체의 표면이 스스로 수축해서 가능한 표면적을 작게 하려는 힘을 '표면장력'이라고 해요. 액체가 기체 혹은 고체 물질과 닿아 있을 때, 그 경계에 생기는 면적이 가장 작아지도록 작용하는 힘이죠. 부피가 같을 때 표면적이 가장 작은 입체 구조는 둥근 형태이므로 물방울은 동글동글한 모양이에요. 나뭇잎 위에 맺히는 이슬도 표면적이 가장 작은 상태인 공 모양이죠. 작은 물방울 속 분자에도 이러한 힘이 작용한다니 정말 놀랍죠? 표면장력 덕분에 소금쟁이도 물 위에서 미끄러지듯 움직일 수 있고, 바늘도 물 위에 띄울 수 있어요.

그러면 중력이 작용하지 않는 우주 공간에서 공중에 떠다니는 물방울은 어떤 모양일까요?

우주에서 물방울에 작용하는 힘은 표면장력이에요. 물방울은 바로 표면장력 때문에 동글동글한 모양이 되고, 중력이 없으니 동동 떠다닌답니다. 우주인 이소연 씨는 이 구슬 모양 물방울을 먹는 모습을 보여 주기도 했어요. 신기하게만 보이던 현상도 표면장력의 원리를 알고 나니 쉽게 이해가 가죠?

그런데 우리도 액체 방울에 표면장력만 작용하는 상태를 만들 수 있어요. 중력이 작용하는 지구에서 어떻게 이런 일이 가능한 걸까요?

컵에 알코올을 약간 붓고, 고추기름을 떨어뜨리면 알코올보다 밀도가 큰 고추기름이 바닥에 깔려요. 이 컵에 물을 조금씩 부으면, 물과 알코올의 혼합물 밀도가 고추기름의 밀도보다 커져요. 그래서 퍼져 있던 고추기름이 점점 위로 떠오른답니다. 그런데 고추기름은 왜 동그란 구슬 모양이 되는 것일까요?

고추기름에는 위쪽으로 뜨려는 부력과, 지구가 고추기름을 아래쪽으로 잡아당기는 중력이 작용해요. 그런데 부력과 중력의 크기가 같아지면 표면장력만 작용해서 고추기름이 동그란 구슬 모양이 되는 거예요. 신기하죠?

표면장력을 이용한 실험을 한 가지 더 해 볼게요. 물을 컵에 담고 양파 망으로 컵 위쪽을 꼭 막은 다음, 컵을 뒤집으면 어떻게 될까요?

구멍이 많이 뚫린 양파 망으로 컵을 덮었으니까 물이 줄줄 새어 나올 것이라고 생각할 수도 있어요. 그런데 물은 떨어지지 않고 컵 안에 그대로 있답니다. 물 표면에 표면장력이 작용하기 때문이죠. 이쯤 되면 표면장력이 엄청나다는 것을 알 수 있겠죠?

그러면 물 말고 다른 액체의 표면장력은 어떨까요? 물과 에탄올을 스포이트에 담아 플라스틱 접시 위에 한 방울씩 떨어뜨려 볼게요. 같은 양을 떨어뜨렸을 때, 어떤 액체 방울의 높이가 더 높을까요?

모든 액체의 표면장력이 같은 것은 아니에요. 물은 분자들끼리 수소결합을 하기 때문에 에탄올보다 표면장력이 큰 거예요. 물보다 표면장력이 큰 액체는 수은 밖에 없답니다.

여러 가지 액체의 표면장력
(20℃의 공기 중에서, 단위 : dyn/cm)

메탄올	22.3
아세트산	27.7
올리브유	32.0
글리세린	63.4
물	72.75
수은	475.0

물의 표면장력을 작게 하려면?

소윤이는 동생과 큰 통에 물을 받아 빈 페트병으로 만든 배를 띄워 놓고 있어요. 둘은 누구 배가 더 빨리 통 끝까지 가나 시합하기로 했어요. 하지만 입으로 아무리 바람을 세게 불어도 배는 쉽게 앞으로 나가지 않았어요.

이 모습을 보던 할머니가 식초와 샴푸를 가지고 오셨어요. 할머니는 이 가운데 한 가지를 배의 뒷부분에 조금 바르면, 배가 앞으로 쭉 나갈 거라고 하셨어요. 과연 샴푸와 식초 가운데 배를 앞으로 나가게 하는 것은 무엇일까요?

액체의 표면장력을 감소시켜 액체 내부에서 서로 섞이지 않는 경계면을 무너뜨리고 안정시키는 물질을 '계면활성제'라고 해요. 비누나 샴푸, 치약에는 계면활성제가 들어 있어요. 물에 계면활성제를 넣으면 물 분자 사이로 계면활성제가 녹아 들어가서 수소결합을 방해해요. 물 표면의 분자들도 방해를 받기 때문에 물의 표면장력이 작아져요.

빈 페트병으로 만든 배 뒤쪽에 계면활성제가 들어 있는 샴푸를 약간 바르면, 샴푸가 물속에 녹아 들어가면서 배 뒤쪽에 있는 물의 표면장력이 약해져요. 결국 배 앞쪽에서 물의 표면장력이 더 커지므로 배는 앞으로 나아간답니다.

머리를 감을 때는 샴푸를 많이 쓰죠? 샴푸 속에 들어 있는 계면활성제가 어떤 역할을 해서 머리를 깨끗이 감을 수 있는 것일까요?

계면활성제에는 물과 결합하는 부분인 '친수기'와 기름 성분과 결합하는 부분인 '친유기'가 있어요. 머리에 샴푸 칠을 하면 계면활성

제의 친유기가 머리카락 표면에 있는 오염 물질을 둘러싸요. 그러면 오염 물질의 표면은 친수기가 되죠. 바깥쪽이 친수기인 오염 물질은 물에 의해 씻겨 나갈 수 있는 거예요.

  지금까지 여러분은 우리 눈으로 볼 수 없는 세계에서 일어나는 과학 현상들을 경험해 보았어요. 화학은 과학의 여러 영역 가운데 물질의 성질과 그 변화에 대해 연구하는 학문이에요. 이 책에 나온 열 가지 질문의 답을 스스로 찾고, 그 원리를 조목조목 설명할 수 있다면 과학이 자신만만해질 거예요. 그런데 아직도 세상에는 과학으로 설명하지 못하는 자연현상이 많이 있어요. 여러분이 자신감을 가지고 과학을 더욱 깊이 탐구해 보는 것은 어떨까요?